NEW READING

新·阅·读

THE BEST BOOKS FOR CHILDREN

·注音彩绘·

名人故事

主 编/文 心

天地出版社

逐一破解
中外名人的精神密码

中外名人对人类社会的发展产生了重要影响。全世界各个领域里的名人们用自己的卓越成就为人类的文明添砖加瓦，为后人留下了无数宝贵的财富。然而，名人的成才历程也并非一帆风顺。他们之所以能够突破重重障碍走向成功，与他们坚毅、顽强、奋进的精神是分不开的。

为了让孩子了解名人的成长历程和精神世界，编者精心编写了这本《名人故事》。

在书中，编者以精练的笔触讲述名人的成才历程，逐一破解促使他们成才的精神密码。每篇文章还配有精美的插图，帮助孩子更好地理解故事内容。

相信本书一定会给孩子带来不一样的成才感受，为孩子踏上成功之路助上一臂之力！

目录
CONTENTS

第1章
政治领袖

统一六国立丰功 …………………… 2
中国封建帝王第一人——秦始皇
艰难亲政，缔造辉煌 …………… 4
雄才大略的盛世帝王——汉武帝
创建罗马帝国 ………………………… 6
古罗马的“奥古斯都”——屋大维
爱才惜才，统一北方 …………… 8
乱世雄杰——曹操
开创“贞观之治” ………………… 10
帝王楷模——唐太宗
扩张领土，威震欧亚 …………… 12
一代天骄——成吉思汗
从平民到皇帝 ……………………… 14
明王朝的缔造者——明太祖
为国家终生未嫁 ………………… 16
“童贞女王”——伊丽莎白一世
抗击沙俄保边疆 ………………… 18
励精图治的君王——康熙
锐意改革走上强国路 ………… 20
俄罗斯帝国之父——彼得大帝
为美利坚的独立而战 ………… 22
美国国父——华盛顿
将废奴运动进行到底 ………… 24
美国总统——林肯
领导革命，创建民国 ………… 26
中国民主革命先驱——孙中山
倡导非暴力不合作运动 ……… 28
印度“圣雄”——甘地
创建第一个社会主义国家 …… 30
无产阶级的革命导师——列宁
推行“新政”，力挽狂澜 ……… 32
轮椅上的美国总统——罗斯福
为自由法国而战 ………………… 34
法国总统——戴高乐

目录 CONTENTS

第2章 社稷名臣

智慧超群，提倡民主政治 …… 38
雅典政治家——梭伦
南门立木，锐意改革 …… 40
伟大的改革家——商鞅
鸿门宴巧计救主 …… 42
运筹帷幄的人杰——张良
施妙计草船借箭 …… 44
鞠躬尽瘁的千古良相——诸葛亮
敢于直谏触天威 …… 46
一代谏臣——魏徵
虎门销烟 …… 48
中国近代的民族英雄——林则徐
"自上"统一德意志 …… 50
铁血宰相——俾斯麦
坚决抗击法西斯 …… 52
英国铁腕首相——丘吉尔
推行"均势外交" …… 54
美国外交家——基辛格

第3章 军事统帅

吴宫演兵显军纪 …… 58
兵家的祖师——孙武
设奇谋智胜庞涓 …… 60
身残志坚的军事家——孙膑
建立地跨三洲大帝国 …… 62
马其顿国王——亚历山大大帝
破釜沉舟 …… 64
西楚霸王——项羽
征服高卢，剪除异己 …… 66
古罗马战神——恺撒

明修栈道，暗度陈仓 …………… 68
汉初的军事天才——韩信

大败金军，收复建康 …………… 70
精忠报国的一代英烈——岳飞

驱逐外侮，收复台湾 …………… 72
伟大的民族英雄——郑成功

建立法兰西帝国 ………………… 74
欧洲征服者——拿破仑

黄海大战御日寇 ………………… 76
著名的爱国海军将领——邓世昌

指挥坦克战纳粹 ………………… 78
血胆将军——巴顿

诺曼底登陆建奇勋 ……………… 80
盟军统帅——艾森豪威尔

第4章

思想宗师

创作《道德经》 …………………… 84
道家学派的鼻祖——老子

虚心好学，兴办教育 …………… 86
中华千古圣人——孔子

推行哲学治国思想 ……………… 88
西方哲学之父——柏拉图

博学多才，追求真理 …………… 90
古希腊巨哲——亚里士多德

周游列国，著书讲学 …………… 92
儒家"亚圣"——孟子

知识就是力量 …………………… 94
现代实验科学的始祖——培根

主权属于人民 …………………… 96
困顿中成长的思想巨人——卢梭

起草《共产党宣言》 …………… 98
马克思主义的奠基人——马克思

革新北京大学 …………………… 100
北大之父——蔡元培

目录 CONTENTS

名人故事

第5章 文学泰斗

创作《离骚》，以死报国 ……104
中国浪漫主义诗赋之祖——屈原

忍辱发愤著《史记》 ……106
中国伟大的史学家——司马迁

自由洒脱写诗篇 ……108
名传千古的“诗仙”——李白

忧国忧民创“诗史” ……110
一代“诗圣”——杜甫

著伟词，抒豪情 ……112
一代天才文豪——苏轼

生活历练，创作《神曲》 ……114
中世纪最后一位诗人——但丁

创作不朽的戏剧 ……116
古典戏剧大师——莎士比亚

呕心沥血著《红楼梦》 ……118
中国文学史上的奇才——曹雪芹

立志记录法国风俗史 ……120
批判主义大师——巴尔扎克

奔放自由，疾恶如仇 ……122
俄罗斯文学的太阳——普希金

用文学反对暴力和战争 ……124
法国浪漫主义作家——雨果

用童话温暖人间 ……126
世界童话大师——安徒生

一生追求平民化 ……128
俄国文学泰斗——列夫·托尔斯泰

笑说世俗百态 ……130
幽默文学大师——马克·吐温

诗意表达爱国心 ……132
印度诗哲——泰戈尔

弃医从文，为唤民众 ……134
中华民族的“民族魂”——鲁迅

人不能被打败 ……136
美国硬汉作家——海明威

第6章

艺术巨擘

勤练书法成大家 …………… 140
一代“书圣”——王羲之
一日画尽三百里 …………… 142
一代“画圣”——吴道子
蒙娜丽莎的永恒微笑 ……… 144
文艺复兴的巨人——达·芬奇
在石头上燃烧激情 ………… 146
雕塑大师——米开朗琪罗
音乐神童 …………………… 148
维也纳古典乐派代表——莫扎特

我要扼住命运的咽喉 ……… 150
德国最伟大的音乐家——贝多芬
为祖国而演奏 ……………… 152
浪漫的钢琴诗人——肖邦
打开现代雕塑艺术的大门 … 154
现代雕塑的开拓者——罗丹
把激情融入画作 …………… 156
荷兰天才画家——凡·高
刻苦研习成巨匠 …………… 158
木匠出身的艺术大师——齐白石
艺境永远年轻 ……………… 160
立体派的创始人——毕加索
无声“闹剧”批现实 ……… 162
喜剧表演大师——卓别林
孜孜求学成巨擘 …………… 164
中国现代美术奠基人——徐悲鸿

目录

CONTENTS

名人故事

第7章

科学巨人

设计建造都江堰 ……………… 168

水利工程大师——李冰

我能用杠杆撬动地球 ………… 170

古希腊科学家——阿基米德

精确推算圆周率 ……………… 172

推陈出新的科学巨匠——祖冲之

揭开天体运行的真相 ………… 174

近代天文学的奠基者——哥白尼

编写《本草纲目》 …………… 176

东方医学的集大成者——李时珍

斜塔实验"惊天动地" ………… 178

近代科学之父——伽利略

发现万有引力 ………………… 180

经典物理学大师——牛顿

揭开雷电的秘密 ……………… 182

美国科学家——富兰克林

发现电磁感应现象 …………… 184

电学之父——法拉第

人是由猴子变的吗 …………… 186

进化论之父——达尔文

她发现了镭 …………………… 188

两获诺贝尔奖的科学家——居里夫人

A=X+Y+Z ………………… 190

物理学革命大师——爱因斯坦

用大脑探索宇宙 ……………… 192

理论物理学大师——史蒂芬·霍金

第8章 发明大家

反复试验造工具 ……………… 196
能工巧匠的祖师——鲁班
改进造纸术 ……………………… 198
善于钻研的造纸大家——蔡伦
发明地动仪 ……………………… 200
多才多艺的科学家——张衡
研制麻醉药 ……………………… 202
妙手回春的神医——华佗
发明活字印刷术 ……………… 204
推动文明发展的布衣百姓——毕昇
把人类带进蒸汽时代 ……… 206
蒸汽机的改良者——瓦特
冒死研制安全炸药 ………… 208
炸药大王——诺贝尔
电话通了 ………………………… 210
电话之父——贝尔
用发明改变世界 ……………… 212
世界发明大王——爱迪生
为了人类的飞天梦 ………… 214
现代航空之父——莱特兄弟

目录
CONTENTS

第9章
名家名流

开辟“丝绸之路” …………… 218
西汉杰出的外交家——张骞
万里取经，名扬中外 ………… 220
毅力顽强的唐朝高僧——玄奘
为和亲远嫁吐蕃 …………… 222
汉藏友好的使者——文成公主
七下西洋 ……………………… 224
伟大的航海家——郑和
发现美洲大陆 ……………… 226
意大利航海家——哥伦布
创办第一所护士学校 ……… 228
克里米亚白衣天使——南丁格尔
复兴奥林匹克运动 ………… 230
现代奥林匹克之父——顾拜旦
为世界装上轮子 …………… 232
美国汽车大王——福特
战胜盲聋，自强不息 ……… 234
身残志坚的楷模——海伦·凯勒
刻苦练功，独创“梅派” …… 236
京剧艺术表演大师——梅兰芳
为黑人的平等而奔走 ……… 238
民权领袖——马丁·路德·金
研发软件改变世界 ………… 240
微软公司创始人——比尔·盖茨

第 1 章

政治领袖

ZHENGZHI LINGXIU

历史的进步离不开政治领袖的引导，正如战争离不开英雄一样。秦始皇为统一中国驰骋疆场，灭六国，终成一代始皇帝；英国女王伊丽莎白一世积极进取，为了国家的强大终生未嫁……他们的政治生涯并非一帆风顺，然而他们用坚强的勇气、巨大的决心和永不服输的毅力创造了个人辉煌的历史。本章我们就带你领略政治领袖们的不平凡作为。

tǒng yī liù guó lì fēng gōng

统一六国立丰功

★中国封建帝王第一人——秦始皇★

战国时期，齐、楚、秦、燕、赵、魏、韩等七个主要的诸侯国之间战乱不断。后来，秦国经过商鞅变法，逐渐强盛起来。到秦王嬴政时，他决心消灭其他六国，统一天下。

公元前230年，秦王嬴政派军队先灭掉了距离秦国比较近且实力最弱的韩国。然后，他集中力量攻打赵国，并在公元前228年大败赵军，占领赵国都城邯郸，俘虏了赵王。赵国也灭亡了。消灭赵国后，嬴政亲自来到邯郸，

名人档案馆 *The Famous People*

姓　　名： 嬴政（前259—前210）

成　　就： 结束了春秋战国时期战乱纷争的局面，建立了中国历史上第一个统一的中央集权制的封建国家。

名人精神： 意志顽强，判事果断。

了解军情，观察形势，并果断下令攻打燕国。结果秦军在易水西边大败燕军，攻破燕国都城蓟城，燕国灭亡。之后，嬴政又把目标对准了魏国和楚国。到公元前221年，六国中只剩下齐国了。嬴政派王贲带兵直扑齐国都城临淄，齐王无处讨救兵，只好投降。

嬴政在不到十年的时间里，将六国逐一灭掉，并建立了中国历史上第一个统一的封建国家——秦朝。嬴政将自己封为“始皇帝”，史称秦始皇。中国社会从此进入帝制时代。

jiān nán qīn zhèng dì zào huī huáng
艰难亲政，缔造辉煌

★雄才大略的盛世帝王——汉武帝★

gōng yuán qián nián nián jǐn suì de liú chè dēng jī zuò le huáng dì tā
公元前140年，年仅16岁的刘彻登基做了皇帝，他
jiù shì hàn wǔ dì
就是汉武帝。

liú chè jí wèi hòu zài gè fāng miàn kāi shǐ dà lì tuī xíng gǎi gé dàn shì
刘彻即位后，在各方面开始大力推行改革，但是
què shòu dào le tā de zǔ mǔ dòu tài hòu de
却受到了他的祖母窦太后的
zǔ náo dòu tài hòu rèn mìng zì jǐ de qīn
阻挠。窦太后任命自己的亲
xìn zhǎng wò le yì xiē zhòng yào zhí wèi hàn
信掌握了一些重要职位。汉
wǔ dì cǐ shí hái méi yǒu lì liàng hé dòu tài
武帝此时还没有力量和窦太
hòu jiào liàng dàn tā méi yǒu yīn cǐ xiāo chén
后较量，但他没有因此消沉，
ér shì yǎng jīng xù ruì děng dài shí jī
而是养精蓄锐，等待时机。

sì nián zhī hòu dòu tài hòu qù shì hàn
四年之后，窦太后去世，汉
wǔ dì mǎ shàng jiāng dòu shì de qīn xìn dǎng
武帝马上将窦氏的亲信党
yǔ yí lǜ bà miǎn chóng xīn rèn mìng le yì
羽一律罢免，重新任命了一

名人档案馆 *The Famous People*

姓　　名： 刘彻（前156—前87）

成　　就： 使以汉族为主体的多民族封建国家得到巩固，中国开始以一个高度文明和富强的形象闻名于世。

名人名言： 何世无材，患人主不能识耳。

批精干的官员，大刀阔斧地进行了一系列的改革。

为了保证改革顺利进行，汉武帝采纳大臣董仲舒的建议，尊崇儒家思想。他还改革币制，积极推广新农业技术等，并且北抗匈奴，西通西域，向东向南开拓疆土，不仅开辟了著名的“丝绸之路”，也扩大了中国的版图。

在汉武帝的统治下，当时的中国出现了繁荣昌盛的局面，中国开始以一个高度文明和富强的形象闻名于世。

chuàng jiàn luó mǎ dì guó

创建罗马帝国

★古罗马的“奥古斯都”——屋大维★

wū dà wéi shì gǔ luó mǎ zhì zūn zhī wáng kǎi sā de wài
屋大维是古罗马至尊之王恺撒的外
sheng kǎi sā méi yǒu ér zi tā jiāng wū dà wéi shōu wéi yì zǐ
甥。恺撒没有儿子，他将屋大维收为义子，
zhǐ dìng tā wéi zì jǐ de jì chéng rén rán ér bù jiǔ zhī hòu
指定他为自己的继承人。然而，不久之后
kǎi sā jiù bèi rén móu shā le
恺撒就被人谋杀了。

kǎi sā yù cì hòu
恺撒遇刺后，
luó mǎ gòng hé guó nèi bù
罗马共和国内部
gè zhǒng zhèng zhì shì lì kāi shǐ le jī liè de
各种政治势力开始了激烈的
zhēng duó quán lì de dòu zhēng kǎi sā de qīn
争夺权力的斗争，恺撒的亲
xìn ān dōng ní yě zhèng fèi jìn xīn jī zhǔn bèi
信安东尼也正费尽心机准备
dēng tái cǐ shí zhǐ yǒu suì de wū dà
登台。此时只有19岁的屋大
wéi bìng méi yǒu fàng qì zhēng duó quán lì tā
维并没有放弃争夺权力，他
hěn kuài dé dào le kǎi sā lǎo bù xià hé píng
很快得到了恺撒老部下和平

名人档案馆 *The Famous People*

姓　　名： 盖乌斯·屋大维（前63—公元14）

成　　就： 结束罗马内乱，创建罗马帝国。

名人名言： 我接受了一座石头建造的罗马城，但留下了一座大理石的罗马城。

民的支持，当上了执政官。

接着，屋大维和安东尼以及恺撒生前的另一位心腹大将李必答结成了“后三头同盟”，结合他们的力量追查刺杀恺撒的凶手。肃清了外部政敌后，屋大维和安东尼展开了争夺权力的斗争。公元前32年，屋大维出兵征讨安东尼，并于第二年获得全胜。安东尼自杀身亡，屋大维率军进驻埃及的亚历山大港，从此，埃及正式被纳入罗马的版图。

公元前27年，屋大维接受了罗马元老院赠予的“奥古斯都”（意为“至尊者”）的称号，这一年通常被视为罗马帝国的建立之年。

ài cái xī cái tǒng yī běi fāng

爱才惜才，统一北方

★乱世雄杰——曹操★

dōng hàn mò nián cáo cāo chèn zhèng jú hùn luàn zhú jiàn zhuàng dà le zì jǐ de
东汉末年，曹操趁政局混乱，逐渐壮大了自己的

shí lì yuán shào shì dāng shí běi fāng zuì dà de jūn fá tā xiǎng xiāo miè cáo cāo zhè
实力。袁绍是当时北方最大的军阀，他想消灭曹操这

ge duì shǒu gōng yuán nián yuán shào shuài wàn dà jūn jìn gōng huáng hé àn biān
个对手。公元200年，袁绍率10万大军进攻黄河岸边

de guān dù cáo cāo gǎn jǐn dài lǐng liǎng wàn
的官渡，曹操赶紧带领两万

jūn duì lái fáng shǒu wú lùn yuán shào zěn me
军队来防守。无论袁绍怎么

gōng dǎ cáo cāo dōu yǒu bàn fǎ yìng duì
攻打，曹操都有办法应对。

yí gè yuè guò qu le yuán shào shǐ zhōng méi
一个月过去了，袁绍始终没

yǒu bàn fǎ gōng xià guān dù
有办法攻下官渡。

yuán shào de móu shì xǔ yōu jiàn yì yuán
袁绍的谋士许攸建议袁

shào rào guò guān dù jìn gōng yuán shào bù jǐn
绍绕过官渡进攻，袁绍不仅

bù tóng yì hái mà le xǔ yōu yí dùn
不同意，还骂了许攸一顿。

xǔ yōu yí qì zhī xià lián yè qù tóu bèn cáo
许攸一气之下连夜去投奔曹

名人档案馆 *The Famous People*

姓　　名：曹操（155—220）

成　　就：统一了中国北方大部分区域，实行了一系列恢复经济生产和社会秩序的措施，奠定了曹魏立国的基础。

名人名言：老骥伏枥，志在千里；烈士暮年，壮心不已。

操。曹操听说许攸来了，高兴得来不及穿鞋，光着脚就去迎接。许攸建议曹操假扮成袁绍的军队，放火烧掉袁绍囤积在乌巢的军粮。曹操一听十分高兴，亲自率领五千名骑兵偷袭乌巢，一把火将袁绍的军粮全部烧光了。

袁军没了粮食，都非常惊慌。曹操趁机展开进攻，袁军大败，最后袁绍只带着几百名士兵逃走了。官渡之战后，曹操又用了几年时间，彻底消灭了袁绍势力，统一了中国北方地区。

开创“贞观之治”

★帝王楷模——唐太宗★

李世民是唐朝的第二位皇帝，他于626年即位，年号贞观。李世民就是唐太宗。

唐太宗重用人才，善于听取臣下的意见。有一年，唐太宗下令重修位于洛阳的乾元殿，作为到外地巡视时的行宫。可是一个叫张玄素的小官却上表极力反对此事。他说皇帝没有继承前代帝王的长处，却继承了百代帝王的弊端，从这一点看，唐太宗的过失远远超过了隋炀帝。唐太宗听了不仅没有

名人档案馆 *The Famous People*

姓　　名： 李世民（599—649）

成　　就： 开创了“贞观之治”的黄金时代，缔造了一个当时世界上最强盛的封建帝国。

名人名言： 以人为鉴，可以明得失。

fā nù fǎn ér bèi shēn shēn de gǎn dòng
发怒，反而被深深地感动
le tā xiǎng yí gè xiǎo guān gǎn yú mào
了。他想，一个小官敢于冒
sǐ zhí jiàn hái bú shì wèi le bǎi
死直谏，还不是为了百
xìng wèi le dà táng jiāng shān ma yīn
姓，为了大唐江山吗？因
cǐ táng tài zōng shōu huí yù zhǐ tíng
此，唐太宗收回谕旨，停
zhǐ chóng xiū qián yuán diàn bìng qiě biǎo yáng le zhāng xuán sù
止重修乾元殿，并且表扬了张玄素。

chú le shàn yú nà jiàn wài táng tài zōng hái cǎi qǔ le yí xì liè yǒu lì de
除了善于纳谏外，唐太宗还采取了一系列有力的
cuò shī zhì lǐ guó jiā rú jiǎn qīng fù shuì cǎi qǔ kāi míng de mín zú zhèng cè děng
措施治理国家，如减轻赋税、采取开明的民族政策等。
tā zài wèi qī jiān táng cháo shè huì chéng xiàn chū yí pài fán róng jǐng xiàng zhèng zhì qīng
他在位期间，唐朝社会呈现出一派繁荣景象，政治清
míng jīng jì fā zhǎn guǎng dà rén mín ān jū lè yè gè guó shāng lǚ luò yì bù
明、经济发展，广大人民安居乐业，各国商旅络绎不
jué yīn cǐ zhè yí duàn lì shǐ shí qī yě bèi
绝，因此这一段历史时期也被
chēng wéi zhēn guàn zhī zhì
称为“贞观之治”。

扩张领土，威震欧亚

★一代天骄——成吉思汗★

南宋末年，中国北方的蒙古各部落之间争战不断。铁木真的父亲是一位部落首领，他在部落之间的争斗中被害。在苦难中长大的铁木真武艺超群，才智过人。他召集亲属和本部落的百姓南征北战，力量渐渐壮大起来。铁木真陆续吞并了蒙古的其他部落，统一了整个蒙古地区。

名人档案馆 *The Famous People*

姓　　名： 铁木真（1162—1227）

成　　就： 统一了蒙古各部族，建立了大蒙古国；他组织的大规模军事活动客观上促进了东西方经济、文化的交流。

名人名言： 对于国家的敌人来说，没有比坟墓更好的地方了！

1206年，铁木真被蒙古各部落首领推举为全蒙古的大汗，并被尊称为“成吉思汗”。铁木真即位以后，建立

了蒙古帝国的军事和政治制度，并率领骑兵继续向外扩张，多次打败当时西夏和金国的军队。

1219年，成吉思汗亲自率领20万大军西征，攻占了花剌子模（今中亚西部地区的古代国家）。后来蒙古大军又向西挺进，锐不可当，蒙古国的力量达到了鼎盛。成吉思汗率领蒙古军先后征服了40多个部落和国家，势力范围达到了西亚和欧洲东南部，建立起一个庞大的帝国，他也被后人称为“一代天骄”。

cóng píng mín dào huáng dì

从平民到皇帝

★明王朝的缔造者——明太祖★

yuán cháo mò nián pín mín chū shēn de zhū yuán zhāng jiā rù qǐ yì jūn duì wu

元朝末年，贫民出身的朱元璋加入起义军队伍，

hěn kuài jiù chéng zhǎng wéi yì míng yōu xiù de jiàng lǐng

很快就成长为一名优秀的将领。

dāng shí zì chēng hàn wáng de chén yǒu liàng wèi le kuò dà zì jǐ de shì lì

当时，自称汉王的陈友谅为了扩大自己的势力，

jiàn zào le dà pī zhàn chuán dài lǐng wàn dà jūn yǔ zhū yuán zhāng zài pó yáng hú zhǎn kāi le jué zhàn chén yǒu liàng de zhàn chuán bù jǐn shù liàng duō ér qiě yòu gāo yòu dà ér zhū yuán zhāng zhǐ yǒu wàn jūn duì shuǐ jūn yě zhǐ yǒu yì xiē xiǎo chuán zài shí lì shang bǐ chén yǒu liàng chà hěn duō suǒ yǐ yì lián dǎ le sān tiān zhū yuán zhāng dōu méi bàn fǎ jī tuì chén yǒu liàng

建造了大批战船，带领60万大军，与朱元璋在鄱阳湖展开了决战。陈友谅的战船不仅数量多，而且又高又大；而朱元璋只有20万军队，水军也只有一些小船，在实力上比陈友谅差很多。所以，一连打了三天，朱元璋都没办法击退陈友谅。

名人档案馆 *The Famous People*

姓　　名： 朱元璋（1328—1398）

成　　就： 结束了元末20多年的战乱局面，统一了全国。

名人名言： 贤才，国之宝也。

hòu lái zhū yuán zhāng jué dìng yòng huǒ gōng tā mìng rén zhǔn
后来，朱元璋决定用火攻。他命人准
bèi le qī tiáo xiǎo chuán chuán shang zhuāng mǎn huǒ yào rán hòu pài
备了七条小船，船上装满火药，然后派
yì zhī gǎn sǐ duì jià shǐ zhè qī tiáo xiǎo chuán diǎn qǐ huǒ
一支敢死队驾驶这七条小船，点起火
lai chéng zhe fēng zhí chōng xiàng chén yǒu liàng de dà chuán nà
来，乘着风直冲向陈友谅的大船。那
xiē dà chuán yí xià zi quán dōu rán shāo qi lai chén yǒu liàng
些大船一下子全都燃烧起来，陈友谅
de shì bīng dùn shí luàn le zhèn jiǎo duō bàn bú shì bèi shāo sǐ jiù shì bèi fú lǔ le
的士兵顿时乱了阵脚，多半不是被烧死，就是被俘虏了。

chén yǒu liàng dài zhe cán bīng bài jiàng xiàng pó yáng hú kǒu táo qù dàn shì hú kǒu
陈友谅带着残兵败将向鄱阳湖口逃去，但是湖口
zǎo yǐ bèi zhū yuán zhāng dǔ zhù chén yǒu liàng zài tū wéi de shí hou bèi yí zhèn luàn
早已被朱元璋堵住。陈友谅在突围的时候，被一阵乱
jiàn shè sǐ cǐ hòu zhū yuán zhāng yòu lù xù xiāo miè le yì xiē qí tā de gē jù
箭射死。此后，朱元璋又陆续消灭了一些其他的割据
shì lì nián zhū yuán zhāng zài yìng tiān chēng huáng dì jiàn lì le míng cháo tā
势力。1368年，朱元璋在应天称皇帝，建立了明朝，他
jiù shì míng tài zǔ
就是明太祖。

wèi guó jiā zhōng shēng wèi jià
为国家终生未嫁

★"童贞女王"——伊丽莎白一世★

yī lì shā bái shì shì jì zhù míng de yīng guó nǚ wáng zuì chū tā jiē
伊丽莎白是16世纪著名的英国女王。最初，她接
shǒu de shì yí gè jūn bèi fèi chí guó kù kōng xū qiáng dí huán sì de yīng guó
手的是一个军备废弛、国库空虚、强敌环伺的英国。
nián qīng de yī lì shā bái jué xīn yùn yòng zhèng zhì shǒu duàn shǐ yīng guó qiáng dà qi lai
年轻的伊丽莎白决心运用政治手段，使英国强大起来。
yī lì shā bái shǒu xiān jìn xíng le zōng
伊丽莎白首先进行了宗
jiào gǎi gé shí xíng zōng jiào kuān róng zhèng cè
教改革，实行宗教宽容政策，
jiě jué le guó nèi de zōng jiào jiū fēn tā
解决了国内的宗教纠纷。她
lì xíng jié jiǎn dà lì fā zhǎn shāng yè jīng
厉行节俭，大力发展商业经
jì gǔ lì hǎi wài tàn xiǎn huó dòng zhī chí
济，鼓励海外探险活动，支持
nú lì mào yì wèi yīng guó zhèng fǔ jī lěi
奴隶贸易，为英国政府积累
le jù é cái fù tā hái jiàn lì qǐ yì
了巨额财富。她还建立起一
zhī qiáng dà de hǎi jūn nián xī bān
支强大的海军。1588年，西班
yá pài wú dí jiàn duì gōng dǎ yīng guó
牙派"无敌舰队"攻打英国，

名人档案馆 *The Famous People*

姓　　名： 伊丽莎白（1533—1603）

成　　就： 统治英国长达45年，把英国由一个弱小的国家发展为欧洲的主要强国之一。

名人名言： 我已经献身于一个丈夫，这就是英国。

伊丽莎白迅速组织舰队反击，大败“无敌舰队”。

在伊丽莎白的统治下，英国日渐强大，伊丽莎白的地位也更加显赫，她的求婚者络绎不绝。但伊丽莎白拒绝了所有的求婚者，因为她不想因自己的婚姻使英国从属于其他国家。伊丽莎白把英国由一个弱小的国家发展为欧洲的主要强国之一，国力达到了极盛的黄金时代，因此被人们亲切地称为“童贞女王”。

kàng jī shā é bǎo biān jiāng

抗击沙俄保边疆

★励精图治的君王——康熙★

kāng xī shì qīng cháo rù guān hòu de dì èr wèi huáng dì tā zhì chú áo bài
康熙是清朝入关后的第二位皇帝。他智除鳌拜、
píng dìng sān fān tǒng yī tái wān gǒng gù le qīng wáng cháo de zhèng quán
平定三藩、统一台湾，巩固了清王朝的政权。

kāng xī nián jiān shā é jūn duì pán jù zài zhōng guó dōng běi biān jiāng de yǎ kè
康熙年间，沙俄军队盘踞在中国东北边疆的雅克
sà chéng kāng xī jué dìng jiāng tā men qū zhú
萨城，康熙决定将他们驱逐
chu qu nián kāng xī pài jūn duì bǎ
出去。1685年，康熙派军队把
yǎ kè sà chéng wéi le qǐ lái qīng jūn pào
雅克萨城围了起来。清军炮
hōng é jūn bìng zài chéng xià duī qǐ chái cǎo
轰俄军，并在城下堆起柴草，
zhǔn bèi fàng huǒ shāo chéng é jūn xià de jǔ
准备放火烧城，俄军吓得举
shǒu tóu xiáng kāng xī xià zhǐ kuān shù é jūn
手投降。康熙下旨宽恕俄军，
mìng lìng tā men chè chū zhōng guó
命令他们撤出中国。

dàn shì qīng jūn gāng chè chū yǎ kè
但是，清军刚撤出雅克
sà é jūn yòu liū le huí lái kāng xī
萨，俄军又溜了回来。康熙

名人档案馆 *The Famous People*

姓　　名： 爱新觉罗·玄烨（1654—1722）

成　　就： 开创“康乾盛世”，促进了清朝初年社会经济的发展，奠定了我国多民族统一国家的疆域。

名人名言： 国家用人，当以德为本，才艺为末。

决定彻底消灭他们，于是再次派兵出征。在战斗中，俄军头目中弹死了，俄军伤亡惨重，只剩下了100多人。沙俄慌忙派使者求和，最后，中俄双方签订了《尼布楚条约》，使中俄两国东段边界问题得到和平解决。

此后，康熙又平定了西北地区的叛乱，巩固了清王朝的边疆，安定了边疆人民的生活。康熙还十分注重发展经济，重视文化教育。他一生兢兢业业，为“康乾盛世”奠定了基础。

锐意改革走上强国路

★俄罗斯帝国之父——彼得大帝★

彼得一世是俄国沙皇阿列克谢·米哈伊洛维奇的儿子。1689年，17岁的彼得开始正式执政。相比于欧洲各国，此时的俄国还是一个非常落后的国家，依然实行落后的封建农奴制。彼得决心让俄国强大起来。为此，他派遣了一支庞大的使团，出访欧洲各国，学习先进技术。他自己也扮成士兵随团考察。

名人档案馆 *The Famous People*

姓　　名： 彼得·阿列克塞耶维奇·罗曼诺夫（1672—1725）

成　　就： 倡导效仿西方科学文化（史称“彼得一世改革”），使落后的俄国一跃成为欧洲强国。

名人名言： 给我20年，我还你一个奇迹般的俄罗斯。

回国后，彼得决定在国

内进行全面的欧化改革。他首先从改革社会的旧风俗入手。俄国男子向来有留胡须的习俗，而彼得认为这是一种陋俗。这天，当几位大臣来拜见彼得时，彼得突然操起手中的剪刀朝他们的胡子剪去。接着，彼得宣布以后不准留胡须，如果要留，就得出钱购买“留须权”。他还废除了通行数百年的下跪仪式，禁止穿长袍，一律改穿西式服装。这一系列措施为其他方面的改革打下了良好基础。

经过一系列的改革，俄国在军事、经济、文化教育等方面得到了长足发展，一跃成为欧洲强国。

为美利坚的独立而战

★美国国父——华盛顿★

18世纪后半期，英国在北美建立了13个殖民地，对殖民地人民进行残酷的剥削。北美人民不堪重负，反抗的声浪越来越高。

1775年4月，“莱克星顿的枪声”揭开了美国独立战争的序幕。同年5月，第二届大陆会议在费城召开，曾任民兵总司令的华盛顿临危受命，被推选为大陆军总司令。

名人档案馆 *The Famous People*

姓　　名： 乔治·华盛顿（1732—1799）

成　　就： 领导大陆军打败英国殖民者，使美利坚民族获得了独立，成为美国首任总统。

名人名言： 自由一旦扎根，就会像植物一样迅速生长。

战争初期，大陆军处境

非常艰难，大多数士兵没受过正规训练，而且装备匮乏，缺衣少粮，与英军交战屡次失败。于是，华盛顿狠抓军事训练，逐步把大陆军训练成了一支强大的正规军。1776年3月，华盛顿率军围攻波士顿，取得胜利，极大地鼓舞了北美人民的士气。同年7月4日，大陆会议通过了《独立宣言》，庄严宣告北美殖民地成为美利坚合众国。

1781年，在华盛顿的指挥下，美、法联军在南方城市约克镇与英军对决，以胜利宣告美国独立战争的结束。美国独立后，华盛顿当选为第一届美国总统。

将废奴运动进行到底

★美国总统——林肯★

美国总统林肯小时候家里很穷，他上学不到一年就开始跟着父亲在肯塔基州的荒原上劳动了。21岁那年，林肯离开家乡到南方谋生。当时的美国，北方实行自由劳动制度，而南方实行落后而野蛮的奴隶制。

有一次，在美国南方城市新奥尔良的奴隶拍卖市场上，年轻的林肯亲眼目睹了黑人像牲畜一样被打骂、买卖和奴役的场景。面对这种惨无人道的行为，他感到非常难过，从此决心从政，要

名人档案馆 *The Famous People*

姓　　名： 亚伯拉罕·林肯（1809—1865）

成　　就： 是美国第 16 任总统，为废除奴隶制和维护国家统一建立了不朽功勋。

名人名言： 世上没有卑贱的职业，只有卑贱的人。

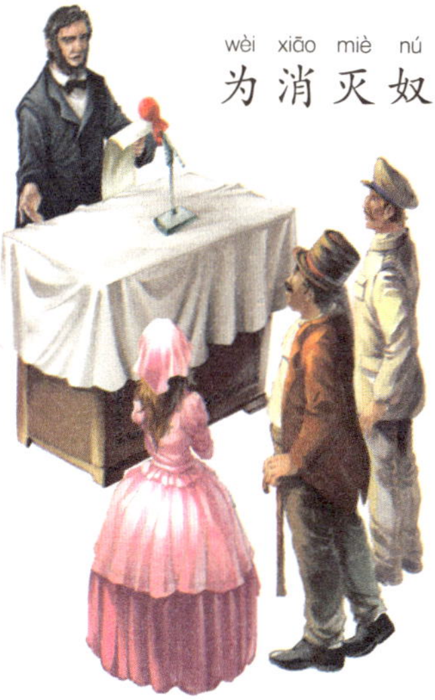

为消灭奴隶制而奋斗。

1834年，林肯当选为伊利诺伊州议员后，开始到处进行政治演说，猛烈抨击奴隶制度，并提出了一些对公众事业有益的建议，他在公众心中的声望日渐高涨。1860年，林肯当选为美国第16任总统。南方各州对林肯的当选非常不满，先后发动叛乱，南北战争正式爆发了。

1862年，林肯正式颁布了《解放黑奴宣言》。黑人们兴高采烈地欢庆解放，并踊跃报名参军。1865年，战争以北方联邦军队的胜利而告终。

领导革命，创建民国

★ 中国民主革命先驱——孙中山 ★

清末，孙中山出生在广东省一个贫苦的佃户家庭里。13岁时，他随同母亲来到美国，并接受了美国资产阶级教育。

名人档案馆 *The Famous People*

姓　　名： 孙文（别名孙中山）（1866—1925）

成　　就： 一生为中国革命奔走，结束了中国两千多年的封建帝制，创立了三民主义，推进了历史的进程。

名人名言： 革命尚未成功，同志仍须努力。

中法战争后，孙中山目睹清政府的腐败，产生了以资产阶级政治方案改造中国的想法。他向清政府提出了一些改革主张，但都没有被采纳。于是，孙中山决心用武力推翻清朝的统治。他成立兴中会和同盟会，又先后发动了多次武装起义。这些

起义给了清政府沉重的打击。

1911年10月10日，武昌起义爆发。接着，全国各省的革命者纷纷行动起来。到了11月底，全国已经有14个省宣告独立。孙中山被推举为临时大总统。1912年元旦，孙中山宣誓就职，正式宣告中华民国诞生。在以后的岁月里，孙中山继续为中国革命奔走。他为中华民族的振兴做出了巨大的贡献，成为中华民族伟大的民主革命先行者。

倡导非暴力不合作运动

★ 印度“圣雄”——甘地 ★

甘地是印度民族解放运动的领导人，他曾在英国留学，接受了英国法治思想的教育。

19世纪中期的印度还处在英国的殖民统治下。英国殖民者大肆掠夺印度的财富，奴役印度人民。甘地目睹了印度社会的悲惨现状，决心带领人民脱离水深火热的英国殖民统治。他倡导以和平的方式来实现民族独立，发起了“非暴力不合作运动”，主要做法有：不当英国殖民者的官吏；不使用英国造的

名人档案馆 *The Famous People*

姓　　名： 莫汉达斯·卡拉姆昌德·甘地（1869—1948）

成　　就： 带领印度迈向独立，其“非暴力”思想对世界的民族解放运动影响深远。

名人名言： 对真理之神的忠诚，胜过其他所有的忠诚。

货物；不穿英式服装，自己纺纱织布；不进英国人办的学校；不向英国纳税……甘地的非暴力不合作思想逐步被印度国大党接受，并成为国大党的指导思想。此后，甘地便肩负起了领导印度人民进行解放运动的重担。

一次，英国殖民当局制定了“食盐专营法”，通过控制食盐生产，抬高盐价，以剥削印度人民。甘地就带领信徒和民众步行到海边，用海水煮盐，以此来进行斗争。

就这样，甘地领导印度人民发起了一次又一次的抵抗运动，为印度的民族独立做出了不可磨灭的贡献，被印度人民尊称为“圣雄”。

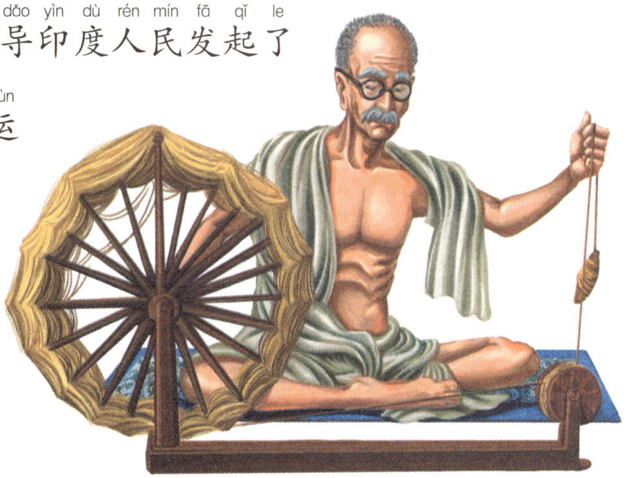

创建第一个社会主义国家

★无产阶级的革命导师——列宁★

19世纪末期的沙皇俄国政治腐败，专制独裁。列宁的哥哥参加了刺杀沙皇的行动，被捕后被处以绞刑。这让列宁从此下定与沙皇专制制度作斗争的决心。

在大学里，列宁接触到了新兴的马克思主义理论。几年后，列宁来到俄国的政治中心彼得堡，宣传马克思主义理论。在他的积极倡导下，彼得堡很多独立的共产

名人档案馆 *The Famous People*

姓　　名： 弗拉基米尔·伊里奇·乌里扬诺夫（1870—1924）

成　　就： 为推翻俄国沙皇统治、建立苏维埃政权做出了巨大的贡献。

名人名言： 最大的困难就是没有坚强的信心。

主义小组联合起来，成立了一个名叫“工人阶级解放斗争协会”的秘密组织。列宁因为表现出非凡的组织才能，成了公认的领导者。经过长期的准备，列宁终于建立了布尔什维克党。

1917年，列宁领导布尔什维克党发动了震惊世界的“十月革命”。“十月革命”推翻了腐朽的俄国沙皇政府的统治，从此，世界上第一个社会主义国家——苏维埃社会主义共和国联盟（简称苏联）诞生了。

tuī xíng xīn zhèng lì wǎn kuáng lán
推行“新政”，力挽狂澜

★轮椅上的美国总统——罗斯福★

luó sī fú shì měi guó dì rèn zǒng tǒng tā
罗斯福是美国第32任总统。他
jiù zhí shí qià féng měi guó xiàn rù yán zhòng de jīng jì wēi jī zhī
就职时，恰逢美国陷入严重的经济危机之
zhōng gōng chǎng dǎo bì gōng rén shī yè xǔ duō rén guò zhe quē yī
中，工厂倒闭，工人失业，许多人过着缺衣
shǎo shí de shēng huó wèi le
少食的生活。为了
bǎ guó mín cóng jīng jì wēi jī
把国民从经济危机
zhōng zhěng jiù chu lai luó sī fú tuī xíng le
中拯救出来，罗斯福推行了
xīn zhèng
“新政”。

luó sī fú xiān cóng zhěng dùn jīn róng yè
罗斯福先从整顿金融业
rù shǒu shǐ yín háng de yùn yíng zuì xiān huī
入手，使银行的运营最先恢
fù le zhì xù suí hòu luó sī fú duì
复了秩序。随后，罗斯福对
jīng hún bú dìng de měi guó rén mín shuō wǒ
惊魂不定的美国人民说：“我
xiàng nǐ men bǎo zhèng bǎ nǐ men de qián cún
向你们保证，把你们的钱存

名人档案馆 *The Famous People*

姓　　名： 富兰克林·德拉诺·罗斯福（1882—1945）

成　　就： 推行“新政”，挽救了美国的经济。

名人名言： 我认为克服恐惧最好的办法理应是：面对内心所恐惧的事情，勇往直前地去做，直到成功为止。

入重新开业的银行比藏在床褥下更保险！”不久，国会通过了《1933年银行法》，建立由联邦承担责任的联邦储备体系。由于采取了这些措施，银行信用很快恢复，银行存款在不到一年的时间里增加了近20亿美元。

罗斯福“新政”还包括整顿美国的农业和工业经济，并使这两个经济领域迅速地从经济危机中恢复过来。“新政”的实施，促使美国经济由萧条走向复苏，可谓是力挽狂澜的壮举。罗斯福运筹帷幄，表现出杰出的政治才能，成为了与华盛顿、林肯齐名的伟大总统。

为自由法国而战

★法国总统——戴高乐★

戴高乐出生于法国一个笃信天主教的贵族之家。他的父亲是一位教授，治家很严，但对子女充满了父爱。母亲每天晚上都要叫孩子们为法国和被德国人占领的阿尔萨斯和洛林进行祷告。因此，虔诚的天主教教义和强烈的爱国主义思想在戴高乐的心中早早地埋下了种子。

戴高乐很小的时候就非

名人档案馆 The Famous People

姓　　名：夏尔·戴高乐（1890—1970）

成　　就：“二战”期间，在伦敦发起“自由法国”运动，是反法西斯侵略和维护民族独立的坚强斗士。

名人名言：每当历史最恶劣的时候，我的义务就是把法国的责任担当起来。

常希望成为一名军人，因为在他看来，成为军人才是报效祖国最好的方式。1909年，19岁的戴高乐如愿以偿地考上了巴黎的圣西尔军校，开始了他的军旅生涯。

1940年5月，法西斯德军绕过“马其诺防线”，攻入了法国。巴黎沦陷后，戴高乐将军向法国政府请命，请求让他率领军队反抗德国侵略者。一心投降纳粹德国的法国政府却对戴高乐将军的义举不予理睬。于是，戴高乐决定立刻到国外组织力量，继续抗击德国侵略者。

同年6月17日，戴高乐带着全家飞

往英国，并于次日在英国广播电台发表了《告法国人民书》这篇演说。他向法国人民和全世界庄严宣告：“法国的事业没有失败……法国的抵抗火焰决不应该熄灭，也决不会熄灭……”在戴高乐的领导下，国外的“自由法国”运动不可遏制地发展起来。此后，戴高乐率领“自由法国”的战士们向侵略者发起进攻，即使多次失败，也从不屈服，依然坚持战斗。

1944年6月，戴高乐率领着“自由法国”的部队，与盟军一道向巴黎挺进，解放了巴黎。戴高乐成了法国人民的英雄。

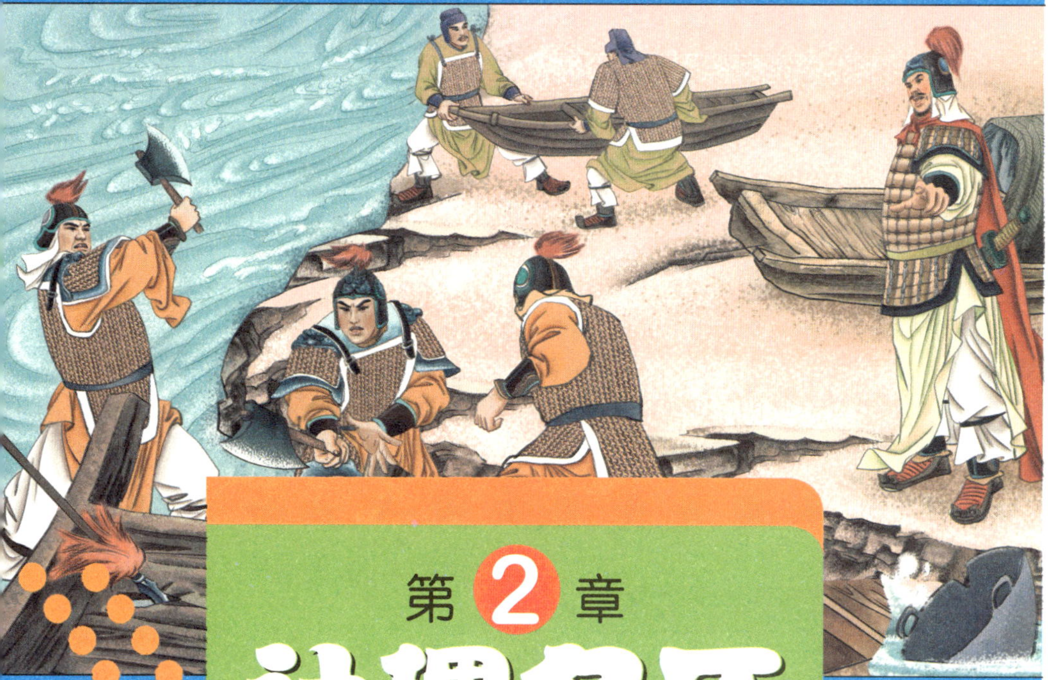

第 2 章

社稷名臣

SHEJI MINGCHEN

在世界历史的发展进程中，有一批政绩辉煌、性格迥异的政治家和志士名臣，他们为各自的国家和君主奉献了毕生的心血与智慧。因为有梭伦的锐意改革，雅典的民主政治才得以发展；因为有商鞅变法的强国举措，才有了秦始皇的一统天下……这些令人肃然起敬、让人称颂不已的贤臣名士，他们所做出的贡献被后世永远铭记、流传。

智慧超群，提倡民主政治

★雅典政治家——梭伦★

梭伦出生在雅典的一个没落贵族家庭。公元前6世纪，雅典与邻邦莫加拉为争夺萨拉米斯岛发生战争，雅典战败。为此，雅典当局颁布法令，禁止任何人提议争夺萨拉米斯岛，违者必处死刑。梭伦非常希望雅典能够收回萨拉米斯岛，于是他佯装疯癫，在广场上朗读诗篇，激起了雅典人的爱国热情。在人们的大力推举下，梭伦被任命为指挥官，一举夺回了萨拉米斯岛。

几年后，梭伦当选为雅

名人档案馆 *The Famous People*

姓　　名： 梭伦（约前640—约前558）

成　　就： 在雅典实行改革，促进雅典政治民主化。

名人名言： 富裕则厌腻，厌腻则暴戾。

典的执政官。在任时，他颁布了多项法令，受到工商业主和平民的欢迎。他还实施了一系列旨在打击没落贵族、促进奴隶制经济发展的改革措施，如公民分为四个等级，其政治权利按照财产的多少来决定等。

梭伦改革中的许多措施提高了下层平民的地位，为雅典的奴隶制民主奠定了基础。梭伦因此受到了雅典人民的拥护，被后人称为“希腊的贤人”。

nán mén lì mù ruì yì gǎi gé

南门立木，锐意改革

★ 伟大的改革家——商鞅 ★

zhàn guó mò nián qín xiào gōng xiǎng zhèn xīng qín guó tā
战国末年，秦孝公想振兴秦国，他
rèn yòng wèi guó rén shāng yāng zhǔ chí biàn fǎ
任用卫国人商鞅主持变法。

shāng yāng hěn kuài jiù zhì dìng le xīn de fǎ lìng dàn
商鞅很快就制定了新的法令，但
shì bǎi xìng bù xiāng xìn guān
是百姓不相信官
fǔ huì àn xīn fǎ qù zuò
府会按新法去做，
suǒ yǐ dōu bù zěn me guān
所以都不怎么关
xīn wèi le gǎi biàn zhè zhǒng jú miàn shāng
心。为了改变这种局面，商
yāng xiǎng chū le yí gè bàn fǎ tā mìng rén
鞅想出了一个办法。他命人
zài guó dū shì chǎng de nán mén wài shù qǐ yì
在国都市场的南门外竖起一
gēn mù tou xià lìng shuō shéi néng bǎ zhè
根木头，下令说："谁能把这
gēn mù tou káng dào běi mén qù jiù shǎng tā
根木头扛到北门去，就赏他
shí liǎng jīn zi rén men yì lùn fēn fēn
十两金子。"人们议论纷纷，

名人 档案馆 *The Famous People*

姓　　名： 公孙鞅（又名商鞅）（约前390—前338）

成　　就： 主持变法改革，使秦国国富民强，为秦国最终统一天下奠定了基础。

名人名言： 治世不一道，便国不法古。

没有一个人去扛木头。商鞅又把赏金提高到了五十两。这时，一个人半信半疑地走出来，把木头扛到了北门。商鞅立刻赏给他五十两金子，一分也不少。

这件事一下子轰动了全国。百姓们都想，原来官府说话真的算数啊。从此以后，百姓都积极地响应商鞅的变法号召了。

商鞅共进行了两次变法。他大力发展农业，改变了秦国的土地制度，还奖励有功劳的军事将领……新法推行几年后，秦国在许多方面的实力都超过了其他诸侯国，成了战国时期最强大的国家。这为秦国日后消灭六国、统一全国奠定了基础。

hóng mén yàn qiǎo jì jiù zhǔ
鸿门宴巧计救主

★运筹帷幄的人杰——张良★

zhāng liáng shì qín cháo mò nián rén, liú bāng de móu shì.
张良是秦朝末年人，刘邦的谋士。
chǔ guó jiàng lǐng liú bāng hé xiàng yǔ gè zì gōng dǎ qín jūn, liú
楚国将领刘邦和项羽各自攻打秦军，刘
bāng bīng lì suī bǐ bu guò xiàng yǔ, què xiān gōng pò le qín dū
邦兵力虽比不过项羽，却先攻破了秦都
xián yáng, bìng xiǎng zài zhè
咸阳，并想在这
lǐ chēng wáng, xiàng yǔ dé
里称王，项羽得
zhī hòu hěn shēng qì, xiǎng jiè qǐng liú bāng dào
知后很生气，想借请刘邦到
hóng mén fù yàn de jī huì bǎ tā shā sǐ.
鸿门赴宴的机会把他杀死。
zhāng liáng cóng xiàng yǔ de shū fù xiàng bó
张良从项羽的叔父项伯
nà lǐ dé zhī le zhè ge xiāo xi, tā ràng
那里得知了这个消息，他让
xiàng bó tì liú bāng qiú qíng, xiān wěn zhù xiàng
项伯替刘邦求情，先稳住项
yǔ, rán hòu hé dà jiàng fán kuài děng rén bǎo
羽，然后和大将樊哙等人保
hù zhe liú bāng dào le hóng mén. zài jiǔ xí
护着刘邦到了鸿门。在酒席

名人档案馆 *The Famous People*

姓　　名： 张良（？—前186）

成　　就： 运筹帷幄，辅助刘邦夺取天下，建立汉朝。

名人精神： 至诚，隐忍，忠诚。

上，张良发现项羽的谋士范增多次给项羽使眼色，好像有什么阴谋。而且，项羽手下大将项庄在席间舞剑助兴的时候，总是想找机会刺杀刘邦。幸亏项伯也假装出来舞剑，一直挡在刘邦前面。张良看到情势危急，急忙去找樊哙，让樊哙到席间保护刘邦。刘邦借机逃脱。等刘邦走远了，张良才对项羽说刘邦不胜饮酒，无法前来道别，特献上白璧一双表示赔罪。项羽收下了白璧，刘邦的一场危机就这样化解了。

张良多次向刘邦献谋献策，最终帮助刘邦打败项羽，建立了汉朝。

施妙计草船借箭

★鞠躬尽瘁的千古良相——诸葛亮★

东汉末期，曹操率军进攻东吴，刘备派军师诸葛亮到东吴助战。东吴都督周瑜忌妒诸葛亮的才能，便刁难诸葛亮，让他十天内造出十万支箭，诸葛亮却说三天就可以完成。

诸葛亮找到东吴将领鲁肃，借了二十条快船，并在每条船上布置了许多草人。第三天晚上，诸葛亮请来鲁肃，说要一起去取箭。诸葛亮命人把二十条快船向曹军水寨开去。这时雾很大，江面上很难看清楚东西。靠近曹军

名人档案馆 *The Famous People*

姓　　名： 诸葛亮（181—234）

成　　就： 帮助刘备建功立业，为蜀汉政权的建立和巩固做出了不朽的贡献。

名人名言： 非淡泊无以明志，非宁静无以致远。

shuǐ zhài shí zhū gě liàng xià lìng bǎ chuán yī zì pái kāi
水寨时，诸葛亮下令把船一字排开，
ràng chuán shang de shì bīng léi gǔ nà hǎn cáo cāo yǐ wéi
让船上的士兵擂鼓呐喊。曹操以为
dōng wú pài rén lái gōng dǎ dàn wù dà kàn bu qīng qíng kuàng
东吴派人来攻打，但雾大看不清情况，
tā jiù mìng lìng gōng jiàn shǒu fàng jiàn xiǎng shè tuì dí jūn jié
他就命令弓箭手放箭，想射退敌军。结
guǒ jiàn dōu shè zài le chuán shang de cǎo rén shàng miàn
果，箭都射在了船上的草人上面。

tiān jiàn jiàn liàng le chuán liǎng cè de cǎo rén shang dōu
天渐渐亮了，船两侧的草人上都
chā mǎn le jiàn zhū gě liàng zhè cái mìng lìng chuán zhī fǎn huí shì bīng men bǎ cǎo rén
插满了箭，诸葛亮这才命令船只返回。士兵们把草人
shang de jiàn bá xia lai yì shǔ jìng rán yǒu shí wàn duō zhī zhū gě liàng qiǎo shī miào
上的箭拔下来一数，竟然有十万多支。诸葛亮巧施妙
jì qīng qīng sōng sōng jiù jiè dào le jiàn hòu lái zhū gě liàng fǔ zuǒ liú bèi
计，轻轻松松就“借”到了箭。后来，诸葛亮辅佐刘备
jiàn lì le shǔ hàn zhèng quán wèi shǔ guó de fā zhǎn jū gōng jìn cuì ǒu xīn lì xuè
建立了蜀汉政权，为蜀国的发展鞠躬尽瘁、呕心沥血，
zuò chū le tū chū de gòng xiàn
做出了突出的贡献。

gǎn yú zhí jiàn chù tiān wēi
敢于直谏触天威

★一代谏臣——魏徵★

wèi zhēng shì táng tài zōng shí qī de jiàn yì dà fū, wéi rén
魏徵是唐太宗时期的谏议大夫，为人
gāng zhèng, gǎn yú dāng miàn pī píng táng tài zōng de cuò wù.
刚正，敢于当面批评唐太宗的错误。

yǒu yí cì, táng tài zōng xiǎng dào tài shān qù jì bài tiān dì,
有一次，唐太宗想到泰山去祭拜天地，
jiè yǐ xuàn yào gōng dé hé guó jiā fù qiáng. dà chén men dōu biǎo shì zàn tóng, zhǐ yǒu wèi zhēng jiān jué fǎn duì. táng tài zōng nǎo xiū chéng nù, wèn wèi zhēng: "nǐ wèi shén me bù tóng yì? nán dào nǐ jué de wǒ bǎ guó jiā zhì lǐ de bù hǎo ma?" wèi zhēng zhèn dìng de huí dá: "nín de gōng láo suī rán hěn dà, dàn shì bǎi xìng dé dào de hǎo chù
借以炫耀功德和国家富强。大臣们都表示赞同，只有魏徵坚决反对。唐太宗恼羞成怒，问魏徵：“你为什么不同意？难道你觉得我把国家治理得不好吗？”魏徵镇定地回答：“您的功劳虽然很大，但是百姓得到的好处

名人档案馆 *The Famous People*

姓　　名： 魏徵（580—643）

成　　就： 总结了历代治国安邦之道，并且直言敢谏，对唐太宗开创“贞观之治”起到了举足轻重的作用。

名人名言： 兼听则明，偏信则暗。

却不够多。您现在去泰山，不是又给百姓增加了一个不小的负担吗？”唐太宗听了，觉得很有道理，就放弃了去泰山的计划。

当魏徵看到唐太宗处理国事开始有些懒散了，就写了一部《谏太宗十思疏》献给唐太宗。文章里详细列举了唐太宗这些年在处理国事上的变化，指出问题所在，并提出忠告和意见。唐太宗看了很受震动，他把这篇文章放在自己的床头，让它时时提醒自己。

魏徵的直言进谏为唐朝初年政治局面的稳定做出了重要贡献。他病逝后，唐太宗伤心地说：“魏徵走了，我损失了一面宝贵的镜子啊！”

hǔ mén xiāo yān
虎门销烟

★中国近代的民族英雄——林则徐★

qīng cháo dào guāng nián jiān yīng guó rén kāi shǐ fēng kuáng de xiàng zhōng guó shū rù yā
清朝道光年间，英国人开始疯狂地向中国输入鸦
piàn zhōng guó bǎo shòu yā piàn de qīn shí
片，中国饱受鸦片的侵蚀。

nián lín zé xú bèi rèn mìng wéi qīn chāi dà chén dào guǎng zhōu chá jìn
1837年，林则徐被任命为钦差大臣，到广州查禁
yā piàn nián lín zé xú dǐ dá
鸦片。1839年，林则徐抵达
guǎng zhōu xuān bù le jìn yān lìng tōng gào
广州，宣布了禁烟令，通告
wài guó yā piàn shāng jiāo chū suǒ yǒu yā piàn
外国鸦片商交出所有鸦片。
rán ér méi yǒu yí gè wài guó yān fàn lái
然而，没有一个外国烟贩来
shàng jiāo yā piàn yú shì lín zé xú pài
上交鸦片。于是，林则徐派
bīng bāo wéi le yīng guó shāng guǎn zuì hòu
兵包围了英国商馆。最后，
yīng guó yā piàn fàn zi zhǐ hǎo rěn tòng jiāo chū
英国鸦片贩子只好忍痛交出
le dà yuē èr bǎi duō wàn jīn yā piàn
了大约二百多万斤鸦片。

yuè rì xià wǔ lín zé xú mìng
6月3日下午，林则徐命

名人档案馆 *The Famous People*

姓　　名： 林则徐（1785—1850）

成　　就： 查禁鸦片，抵抗侵略，维护了中国的主权和民族利益。

名人名言： 苟利国家生死以，岂因祸福避趋之。

rén zài hǔ mén hǎi tān wā le liǎng gè dà chí zi chí zi de yì
人在虎门海滩挖了两个大池子，池子的一
biān tōng xiàng dà hǎi lín zé xú mìng lìng shì bīng men bǎ yì
边通向大海。林则徐命令士兵们把一
xiāng xiāng yā piàn qiē suì rán hòu pāo jìn chí zi guàn shàng
箱箱鸦片切碎，然后抛进池子，灌上
shuǐ zài dào shàng hǎi yán hé shēng shí huī chí zi li
水，再倒上海盐和生石灰。池子里
dùn shí fèi téng le lǐ miàn de yā piàn dōu huà chéng le
顿时沸腾了，里面的鸦片都化成了
huī jìn bèi hǎi shuǐ chōng shuā de gān gān jìng jìng hǔ
灰烬，被海水冲刷得干干净净。虎
mén xiāo yān jìn xíng le èr shí duō tiān èr bǎi duō wàn jīn yā piàn quán bù bèi xiāo huǐ
门销烟进行了二十多天，二百多万斤鸦片全部被销毁。

lín zé xú hǔ mén xiāo yān yǒu lì de dǎ jī le yīng guó yā piàn fàn zi de
林则徐虎门销烟，有力地打击了英国鸦片贩子的
qì yàn gǔ wǔ le zhōng guó rén mín de dòu zhì tā yě yīn cǐ chéng wéi le zhōng guó
气焰，鼓舞了中国人民的斗志，他也因此成为了中国
jìn dài jié chū de mín zú yīng xióng
近代杰出的民族英雄。

zì shàng tǒng yī dé yì zhì

“自上”统一德意志

★铁血宰相——俾斯麦★

bǐ sī mài chū shēng zài pǔ lǔ shì de yí gè guì zú zhī jiā tōng guò zì jǐ
俾斯麦出生在普鲁士的一个贵族之家，通过自己
de nǔ lì chéng wéi le pǔ lǔ shì lián hé bāng yì huì de yì yuán dāng shí dé
的努力，成为了普鲁士联合邦议会的议员。当时，德
yì zhì mín zú chǔ yú sì fēn wǔ liè de zhuàng tài pǔ lǔ shì zhèng chǔ yú yǐ ào dì
意志民族处于四分五裂的状态，普鲁士正处于以奥地
lì wéi shǒu de lián bāng méng guó zhōng bǐ sī
利为首的联邦盟国中。俾斯
mài rèn wéi pǔ lǔ shì yīng gāi yǐ wǔ lì tǒng
麦认为普鲁士应该以武力统
yī dé yì zhì bìng wèi zhè ge mù biāo jī
一德意志，并为这个目标积
jí de nǔ lì zhe
极地努力着。

bù jiǔ bǐ sī mài chū rèn pǔ lǔ
不久，俾斯麦出任普鲁
shì shǒu xiàng jiān wài jiāo dà chén kāi shǐ tuī
士首相兼外交大臣，开始推
xíng tā de tiě xuè zhèng cè tā dà dǎn
行他的“铁血政策”。他大胆
ér qiǎo miào de lì yòng guó jì jiū fēn de yǒu
而巧妙地利用国际纠纷的有
lì shí jī xiān hòu tiǎo qǐ duì dān mài ào
利时机，先后挑起对丹麦、奥

名人档案馆 *The Famous People*

姓　　名： 奥托·冯·俾斯麦（1815—1898）

成　　就： 运用“铁血政策”，推动了德意志的统一。

名人名言： 如果人生的途程上没有障碍，人还有什么可做的呢？

地利和法国的战争。他利用普鲁士在战争中的有利因素，使普鲁士节节胜利，并驱兵直入攻占巴黎。1871年，在巴黎的凡尔赛宫，普鲁士国王威廉一世宣布自己成为统一的德意志帝国皇帝，俾斯麦为帝国的宰相。自此，俾斯麦既是帝国宰相又是普鲁士王国首相，实现了“自上”统一德意志的目标。

俾斯麦以他强硬的政治手段震撼了欧洲政坛，也使自己成为欧洲政坛上举足轻重的人物，因此，他被人们誉为“铁血宰相”。

jiān jué kàng jī fǎ xī sī

坚决抗击法西斯

★英国铁腕首相——丘吉尔★

dì èr cì shì jiè dà zhàn bào fā hòu yīng guó shǒu xiàng zhāng
第二次世界大战爆发后，英国首相张
bó lún duì dé guó fǎ xī sī cǎi qǔ le yí wèi tuì ràng de suí
伯伦对德国法西斯采取了一味退让的绥
jìng zhèng cè hǎi jūn dà chén qiū jí ěr què zhǔ zhāng jiān jué
靖政策。海军大臣丘吉尔却主张坚决
dǐ kàng dé yì fǎ xī
抵抗德、意法西
sī de qīn lüè
斯的侵略。

nián yuè
1940年5月，
suí jìng zhèng cè shī bài zhāng bó lún bèi pò
绥靖政策失败，张伯伦被迫
cí qù shǒu xiàng zhí wù qiū jí ěr bèi rèn
辞去首相职务，丘吉尔被任
mìng wéi shǒu xiàng jiān guó fáng dà chén qiū jí
命为首相兼国防大臣。丘吉
ěr yí shàng rèn biàn lǐng dǎo yīng jūn qǔ dé le
尔一上任便领导英军取得了
yīng lún sān dǎo bǎo wèi zhàn de shèng lì gěi
英伦三岛保卫战的胜利，给
dé guó qīn lüè zhě yǐ chén zhòng de dǎ jī
德国侵略者以沉重的打击。

名人档案馆 *The Famous People*

姓　　名： 温斯顿・丘吉尔（1874—1965）

成　　就： 带领英国人民取得反法西斯战争的伟大胜利，还获得了1953年的诺贝尔文学奖。

名人名言： 热爱祖国的人绝不会憎恨人类。

1941年6月，德国大举入侵苏联。丘吉尔立即表示，英国将与苏联一起对抗德国，并与苏联签订了对德作战联合行动的协定。同时，丘吉尔还积极寻求美国的支持。1942年1月，在丘吉尔的积极奔走下，英、苏、美、中等二十六国签订协议，组成国际反法西斯统一战线，一致对抗法西斯。

丘吉尔为争取世界反法西斯战争的最后胜利做出了极为重要的贡献。

推行“均势外交”

★ 美国外交家——基辛格 ★

美国第37任总统尼克松就职后，聘请基辛格担任国家安全事务助理，并将外交大权交到了基辛格手中。从此，基辛格开始运用出色的外交手腕，推行他所信奉的“均势外交”政策。

1969年2月，为缓和美国和苏联的关系，基辛格展开了秘密的“越顶外交”，即撇开美国的盟友——西欧和日本，私下与苏联接触。通过基辛格的多次接触，美、苏终于走上了谈判桌，就限制战略核武器问题达成了协

名人档案馆 *The Famous People*

姓　　名： 亨利·艾尔弗雷德·基辛格（1923— ）

成　　就： 推行“均势外交”，改善了美国与中国、苏联等国的外交关系。

名人名言： 如果我们做了应该做的一切，那么所有的机遇都会垂青于我们。

议。在中美关系上，基辛格在1971年秘密访华，为1972年2月尼克松总统访华做好准备，对中美关系正常化起到了重要作用。

接着，基辛格又开始着手解决越南战争问题。在他的努力下，1973年1月，美国和越南签订了关于停火的《巴黎协定》，美军在当年撤出了越南，美国终于摆脱了战争的噩梦。基辛格也因此获得了该年度的诺贝尔和平奖。

尼克松总统连任后，基辛格被任命为美国国务卿，同时兼任国家安全事务助理。第四次中东战争爆发后，基辛格展开了著名的“穿梭外交”。他前后奔波18个月，终于达成了叙利亚与以色列、埃及与以色列军队脱离接触的协议。同时，通过基辛格不知疲倦的努力，美国改善了与埃及、叙利亚等国的关系，将苏联的势力排挤出阿拉伯世界。从此，美国开始在这一重要的战略及能源要地占据主导地位。

在短短的八年内，基辛格凭着纵横捭阖的外交手腕，极大地改变了现代国际关系结构，对国际格局的发展产生了重大影响。

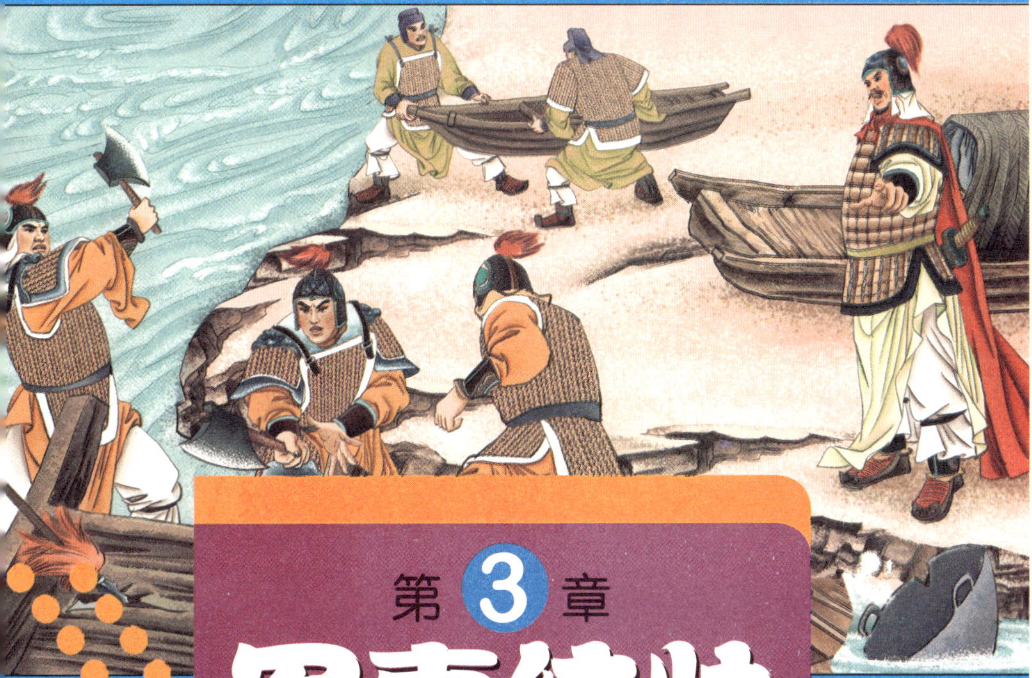

第3章

军事统帅

JUNSHI TONGSHUAI

在漫漫的岁月长河中，战争作为推动历史进步的形式之一，总是与社会文明的发展相伴相生，而战争的时势总能造就出一批通过战争改写人类历史的卓越军事统帅。卓尔不群的孙武精通兵法，写下流传千古的兵经——《孙子兵法》；亚历山大大帝率军万里东征，创建了一个地跨三洲的大帝国……他们卓越的作战指挥艺术已成为宝贵的军事财富。本章将带你走进金戈铁马的军事世界，领略军事统帅的飒爽英姿。

吴宫演兵显军纪

★兵家的祖师——孙武★

春秋末期，杰出的军事家孙武写成了兵法13篇（即《孙子兵法》）。吴王听说后，就召孙武进宫讲解兵法。

孙武讲解完兵法后，吴王想考验他一下，就叫人在宫中挑选出180名宫女，交给孙武训练。孙武把宫女分成两队，让吴王最宠爱的两个妃子当队长，然后教她们列队操练的规则和命令。训练开始了，孙武击鼓发令，宫女们

名人档案馆 *The Famous People*

姓　　名： 孙武（生卒年不详）

成　　就： 著有《孙子兵法》一书，其军事思想对中国历代军事家、政治家、思想家都产生了非常深远的影响。

名人名言： 知彼知己，百战不殆。

走得七扭八歪。她们觉得很好玩，都嘻嘻哈哈地笑起来，不听孙武的指挥。孙武为了严明军纪，下令把两名队长斩首。吴王慌忙为两位妃子求情。孙武说：“军法如山。无论谁触犯军规，都要按军令处置。”他坚决下令把两个妃子杀了。

孙武重新操练，这回宫女们再也不敢笑了，都随着号令认真地做每个动作。不一会儿，她们就被训练成一支整齐有素的队伍。

吴王见孙武果然善于用兵，就任命他为大将军，让他统率吴国的军队。从此，吴国军队在孙武的统领下逐渐壮大起来，为吴国称霸南方奠定了基础。

设奇谋智胜庞涓

身残志坚的军事家——孙膑

战国时期的孙膑有非凡的军事才能，他的同学庞涓十分忌妒他。庞涓当上魏国的大将后，设计陷害孙膑，把他的两个膝盖骨挖掉了。后来，孙膑逃到齐国，受到齐威王的赏识，被封为军师。

名人档案馆 *The Famous People*

姓　　名： 孙膑（生卒年不详）

成　　就： 创造了著名的“围魏救赵”战法，并著有《孙膑兵法》，给后世留下了宝贵的军事理论遗产。

名人名言： 赏不逾日，罚不还面。

公元前341年，魏国和齐国展开了一场大战。魏军在庞涓的率领下来势凶猛，孙膑决定智取。双方刚一交战，孙膑就命令士兵假装打不过魏军，赶紧撤退，庞涓率军紧追。孙膑让士兵每天减少做

fàn de guō zào shù liàng páng juān yǐ wéi qí jūn táo wáng yán
饭的锅灶数量，庞涓以为齐军逃亡严
zhòng yú shì zhǐ dài le bù duō de qīng qí bīng qù zhuī gǎn
重，于是只带了不多的轻骑兵去追赶。
dāng páng juān zhuī dào qí guó biān jìng de mǎ líng
当庞涓追到齐国边境的马陵
shí tiān yǐ jīng hēi le páng juān kàn jiàn lù biān de
时，天已经黑了。庞涓看见路边的
yì kē shù shang hǎo xiàng xiě zhe zì jiù ná zhe huǒ bǎ
一棵树上好像写着字，就拿着火把
guò qu kàn tā gāng kàn dào páng juān sǐ yú cǐ shù
过去看。他刚看到“庞涓死于此树
zhī xià jǐ gè zì mái fú de qí jūn jiù shā le chū lái wèi jūn dà bài páng
之下”几个字，埋伏的齐军就杀了出来。魏军大败，庞
juān wú lù kě táo zhǐ hǎo bá jiàn zì wěn le
涓无路可逃，只好拔剑自刎了。

sūn bìn zhè yí zhàng dà shèng páng juān wèi qí guó de jūn shì qiáng shèng diàn dìng
孙膑这一仗大胜庞涓，为齐国的军事强盛奠定
le jī chǔ
了基础。

建立地跨三洲大帝国

马其顿国王——亚历山大大帝

亚历山大是古希腊马其顿国王腓力二世的儿子，他在小时候就显露出了强烈的征服欲。

公元前336年，20岁的亚历山大继承了王位。为了实现征服世界的野心，亚历山大决定先征服位于马其顿东面的波斯帝国。出征前，他把自己的所有财产都分赠给了别人。他的一位大将迷惑地问道：“您把财产分光，给自己留下什么呢？”

“希望。”亚历山大说，“我把希望留给自己，它将给我无

名人档案馆 *The Famous People*

姓　名： 亚历山大（前356—前323）

成　就： 在西起巴尔干半岛、尼罗河，东至印度河这一广袤地域，建成一个地跨三洲的大帝国。

名人名言： 战胜恐惧，就能战胜死亡。

穷的财富！”将士们被亚历山大的决心所激励，他们更加坚定了打败波斯帝国的决心。

亚历山大率领马其顿大军向波斯军队发起了迅猛的攻势。波斯军队难以抵抗，没多久就全线溃败，波斯帝国也宣告灭亡了。除了波斯，亚历山大还征服了埃及、阿富汗、印度、小亚细亚等地区。

通过征服，亚历山大建立了一个地跨欧、亚、非三洲的庞大帝国。

破釜沉舟

★西楚霸王——项羽★

秦朝末年，朝廷的统治非常残暴，项羽在江东率众起义。他拥立原楚国楚怀王的孙子为王，仍称他为楚怀王，重新建立楚国。

这一年，楚军和秦军在漳河北面的巨鹿开战了。秦军实力非常强大，项羽派军队渡过漳河去攻打秦军，结果失败了，许多楚军都有了撤退的想法。项羽意识到，如果不速战速决，自己肯定要吃败仗了。于是，他立即亲自率领全部楚军渡过漳河。

名人档案馆 *The Famous People*

姓　　名： 项籍（字羽）（前233—前202）

成　　就： 起义反秦，在推翻秦朝统治的过程中起了关键作用。

名人名言： 将相宁无种，本无富和穷。

shàng àn hòu, xiàng yǔ xià lìng bǎ suǒ yǒu zuò
上岸后，项羽下令把所有做
fàn de yòng jù dōu zá làn, bǎ suǒ yǒu de dù chuán
饭的用具都砸烂，把所有的渡船
dōu záo chén, bìng mìng lìng měi gè shì bīng zhǐ xǔ dài sān tiān
都凿沉，并命令每个士兵只许带三天
de liáng shi, rán hòu lì jí chū fā gōng dǎ qín jūn。 chǔ
的粮食，然后立即出发攻打秦军。楚
jūn zhī dào zì jǐ méi yǒu tuì lù le, zhǐ yǒu tóng qín jūn
军知道自己没有退路了，只有同秦军
jué yì sǐ zhàn cái yǒu huó mìng de jī huì。 yú shì, dà jiā
决一死战才有活命的机会。于是，大家
dōu jiào hǎn zhe chōng xiàng qín jūn, gè gè dōu pīn jìn quán lì,
都叫喊着冲向秦军，个个都拼尽全力，
yīng yǒng shā dí。 xiàng yǔ shuài lǐng chǔ jūn hé qín jūn jìn xíng le jiǔ cì jī liè de
英勇杀敌。项羽率领楚军和秦军进行了九次激烈的
zhàn dòu, quán bù huò dé le shèng lì, zuì zhōng dǎ bài le qín jūn。
战斗，全部获得了胜利，最终打败了秦军。

zài zhè yí zhàn zhōng, xiàng yǔ xiǎn shì le jiān jué guǒ gǎn de zhàn dòu jīng shén,
在这一战中，项羽显示了坚决果敢的战斗精神，
zhè yí zhàn yě chéng wéi tuī fān qín cháo tǒng zhì de jué dìng xìng zhàn yì。
这一战也成为推翻秦朝统治的决定性战役。

征服高卢，剪除异己

★古罗马战神——恺撒★

恺撒是古罗马著名的军事家、政治家。公元前62年，恺撒出任古罗马大法官。公元前60年，恺撒与克拉苏和庞培结成“三头同盟”，掌握着很大的权力。恺撒深知，要巩固自己的地位，就必须掌握强大的军队，拥有雄厚的财富。于是，疆域辽阔、财力富足的高卢地区成了他的征服目标。

高卢人虽然英勇善战，

名人档案馆 *The Famous People*

姓　　名： 盖尤斯·尤利乌斯·恺撒（前100—前44）

成　　就： 征服高卢全境，打败政敌庞培，成为罗马共和国名副其实的军事独裁者。

名人名言： 人们都是凭天性思考，按规则说话。

可是长久以来，各个部落之间总是钩心斗角。于是，恺撒采取了“胡萝卜加大棒”的政策，一方面对敌人进行拉拢分化，另一方面实施武力征服。经过长达十年的战争，恺撒终于征服了整个高卢，也积累了雄厚的军事力量和足够的财富。

公元前53年，克拉苏死于帕提亚战争，宣告了“三头同盟”的解体。接着，恺撒打败庞培，成为罗马人民爱戴的英雄，并被推举为“终身独裁官”。尽管恺撒没有加冕成为帝王，但他功勋赫赫，因此“恺撒”一词被后世欧洲的帝王们尊为头衔。

míng xiū zhàn dào àn dù chén cāng

明修栈道，暗度陈仓

★汉初的军事天才——韩信★

hán xìn shì qín mò hàn chū shí de yí wèi jūn shì tiān cái tā zú zhì duō
韩信是秦末汉初时的一位军事天才，他足智多
móu fǔ zuǒ liú bāng duó qǔ tiān xià hán xìn shuài jūn dǎ guò xǔ duō shèng zhàng lì
谋，辅佐刘邦夺取天下。韩信率军打过许多胜仗，立
xià le hè hè zhàn gōng
下了赫赫战功。

zài gōng dǎ xiàng yǔ de yì cháng zhàn zhēng
在攻打项羽的一场战争
zhōng hán xìn de jūn duì yào jīng guò de yì
中，韩信的军队要经过的一
tiáo zhǔ yào zhàn dào bèi huǐ huài le ér qiě
条主要栈道被毁坏了，而且
xiàng yǔ de bù xià zhāng hán hái shuài jūn zài qián
项羽的部下章邯还率军在前
miàn dǔ jié yú shì hán xìn xiǎng dào le
面堵截。于是，韩信想到了
yì tiáo jì cè tā pài yì xiē shì bīng qù
一条计策。他派一些士兵去
xiū fù zhàn dào zhuāng chū yí fù yào cóng zhàn
修复栈道，装出一副要从栈
dào chū jī de yàng zi ér tā què qīn zì
道出击的样子，而他却亲自
shuài lǐng zhǔ lì bù duì cóng lìng yì tiáo xiǎo
率领主力部队，从另一条小

名人档案馆 *The Famous People*

姓　　名： 韩信（？—前196）

成　　就： 用兵如神，辅佐刘邦建立汉朝。

名人名言： 多多益善。

路悄悄地向章邯的属地陈仓而去。韩信“明修栈道”的行动吸引了敌军的注意力，把敌人的主力都引到了栈道那里。这时候，韩信率领军队已经悄悄到了陈仓，他们突然发动袭击。章邯没有防备，接到报告后慌忙派人去支援，结果被韩信打得大败。这一仗的胜利，打开了进攻项羽的大门，为以后刘邦称霸天下打下了基础。

后来，韩信率领军队打败了燕国，平定了齐国，又消灭了项羽的势力，辅佐刘邦建立了汉朝，成为汉朝的开国功臣。

大败金军，收复建康

★精忠报国的一代英烈——岳飞★

南宋时期，北方的金国经常侵犯边境，岳飞报名参军。岳母在他背上刺下“精忠报国”四个字，激励他保家卫国。

岳飞组建了一支纪律严明、作战勇敢的军队——岳家军，在与金军的战斗中连战连捷。1140年，金国大将兀术率领军队又来侵犯南宋。岳飞奉命前去抗击金军，宋、金两国军队在郾城展开了一场大战。在战斗中，兀术用上了金军最厉害的“铁浮图”和

名人档案馆 *The Famous People*

姓　　名： 岳飞（1103—1142）

成　　就： 一生抗击金军，捍卫了南宋的半壁江山。

名人名言： 文臣不爱钱，武臣不惜死，天下太平矣。

"拐子马"。这支军队的人和马都披着厚厚的铠甲，英勇善战，从没打过败仗。岳飞冥思苦想，终于想出了一个破敌的方法。他命令士兵上阵时把刀斧绑在长竿上，专在远处砍敌人的马腿。用这个办法，岳家军大破"铁浮图"和"拐子马"，杀得金兵人仰马翻。经过这一仗，金国元气大伤，一时没有力量再来侵犯南宋。

岳飞是中国历史上少有的常胜将军，而他精忠报国的爱国精神，更为后世留下了宝贵的精神财富。

驱逐外侮，收复台湾

★伟大的民族英雄——郑成功★

公元1624年，荷兰殖民主义者侵占中国台湾。1661年，郑成功率领25000名将士，分别乘坐几百艘战船，决定赶走荷兰殖民者，收复台湾。

名人档案馆 The Famous People

姓　　名： 郑成功（1624—1662）

成　　就： 收复台湾，维护了祖国领土的完整和统一。

名人名言： 养心莫善寡欲，至乐无如读书。

荷兰侵略者听说郑成功要打台湾，十分惊慌。他们把军队集中在台湾和赤嵌两座城堡，想阻挡住郑成功。郑成功利用海水涨潮的时机，命令将士们向岛上攻去。荷兰人派出战船阻挡郑军登岸。郑军英勇奋战，打得荷兰侵略军躲在城里不敢出来。

tā men pài shǐ zhě dào zhèng jūn dà yíng qiú hé xiǎng
他们派使者到郑军大营求和，想
yòng shí wàn liǎng bái yín shōu mǎi zhèng chéng gōng bèi zhèng
用十万两白银收买郑成功，被郑
chéng gōng dà mà le yí dùn zhèng chéng gōng
成功大骂了一顿。郑成功
pài bīng měng gōng chì qiàn chéng chì qiàn chéng de
派兵猛攻赤嵌城。赤嵌城的
dí jūn hái xiǎng wán kàng zhèng chéng gōng jiù xiǎng bàn fǎ qiē duàn le
敌军还想顽抗，郑成功就想办法切断了
chì qiàn chéng de shuǐ yuán sān tiān hái méi dào chéng li de hé
赤嵌城的水源。三天还没到，城里的荷
lán rén jiù guāi guāi tóu xiáng le hěn kuài zhèng chéng gōng yòu gōng xià tái wān chéng zuì
兰人就乖乖投降了。很快，郑成功又攻下台湾城。最
zhōng hé lán jūn duì de tóu mù zài tóu xiáng shū shang qiān le zì
终，荷兰军队的头目在投降书上签了字。

zhèng chéng gōng shōu fù tái wān wèi wéi hù wǒ guó lǐng tǔ de wán zhěng hé tǒng
郑成功收复台湾，为维护我国领土的完整和统
yī wèi tái wān de fā zhǎn dōu zuò chū le jù dà de gòng xiàn tā wěi dà de
一，为台湾的发展，都做出了巨大的贡献。他伟大的
ài guó zhǔ yì jīng shén yì zhí shòu dào hǎi xiá liǎng àn rén mín de huái niàn hé jìng yǎng
爱国主义精神一直受到海峡两岸人民的怀念和敬仰。

建立法兰西帝国

★欧洲征服者——拿破仑★

1789年，法国大革命爆发了，动荡的局势给了已经毕业于军校的拿破仑显示军事才能的良机。1793年，他被指派前往攻打被反法联军英国和西班牙舰队占据的南部重要海防城市土伦港。他先用大炮猛攻，烧毁敌舰，再让步兵迂回前进，和敌人进行肉搏，最后取得了战斗的胜利。1796年，拿破仑被任命为法国远征意大利方面军的总司令。他带领3万

名人档案馆 *The Famous People*

姓　　名： 拿破仑·波拿巴（1769—1821）

成　　就： 曾占领西欧和中欧的大部分领土，使法国资产阶级革命的思想得到了广泛传播。

名人名言： 不想当将军的士兵不是好士兵。

人的军队，越过阿尔卑斯山天险，在意大利境内与奥地利军队交战，并且以少胜多，大破敌军。

这些战役的胜利使拿破仑的威信越来越高，最终他成为法兰西共和国的新英雄。1804年，拿破仑正式称帝，并把法兰西共和国改为法兰西帝国。拿破仑在位期间，多次打败反法同盟，取得了一系列的胜利，从而奠定了法兰西帝国在欧洲大陆的霸主地位。他靠着超人的智慧与军事才能创建了赫赫战功，从而赢得了“欧洲征服者”的称号。

黄海大战御日寇

★ 著名的爱国海军将领——邓世昌 ★

邓世昌是清朝末年著名的海军将领，他精通驾驶技术，被任命为北洋舰队“致远”号巡洋舰的舰长。

1894年，日本舰队突然袭击中国军舰，致使中国舰队遭受巨大损失。邓世昌义愤填膺，发誓要与日本舰队决一死战。这年9月，北洋舰队与日本舰队在黄海发生了遭遇战。开战不久，邓世昌就指挥“致远”号重创日本两

名人档案馆 *The Famous People*

姓　　名： 邓世昌（1849—1894）

成　　就： 率舰队英勇抗击日本侵略者，为后人留下了宝贵的精神财富。

名人精神： 热爱国家，视死如归。

sōu jiàn chuán dàn shì zhì yuǎn hào wèi bǎo hù zì jǐ de zhǔ lì zhàn jiàn yě shāng
艘舰船。但是“致远”号为保护自己的主力战舰，也伤
hén lěi lěi tū rán zhì yuǎn hào yòu bèi rì jūn de pào dàn jiē lián jī zhòng
痕累累。突然，“致远”号又被日军的炮弹接连击中，
suí shí dōu yǒu chén mò de wēi xiǎn zhè shí rì běn jiàn duì de jí yě hào xún
随时都有沉没的危险。这时，日本舰队的“吉野”号巡
yáng jiàn cóng zhì yuǎn hào qián kāi guò dèng shì chāng mìng lìng jiàng shì kāi zú mǎ lì
洋舰从“致远”号前开过。邓世昌命令将士开足马力，
yì biān kāi pào yì biān xiàng jí yě hào zhuàng qù zhǔn bèi yǔ dí rén tóng guī yú
一边开炮，一边向“吉野”号撞去，准备与敌人同归于
jìn bú xìng de shì zhì yuǎn hào bèi dí rén fā shè de yú léi jī zhòng jūn
尽。不幸的是，“致远”号被敌人发射的鱼雷击中，军
jiàn chén mò dèng shì chāng hé quán jiàn guān bīng zhuàng liè xī shēng
舰沉没，邓世昌和全舰官兵壮烈牺牲。

huáng hǎi dà zhàn shī bài le dàn dèng shì chāng kàng jī qīn lüè zhě bǎo jiā wèi
黄海大战失败了，但邓世昌抗击侵略者、保家卫
guó de jīng shén què jī lì zhe yí dài yòu yí dài de zhōng guó rén fèn fā tú qiáng zhèn
国的精神却激励着一代又一代的中国人奋发图强，振
xīng zhōng huá
兴中华。

指挥坦克战纳粹

★血胆将军——巴顿★

巴顿是第二次世界大战时期美国著名的陆军将领。第二次世界大战爆发后，巴顿被任命为美国装甲军军长。他善于发挥装甲兵的优势，主张实施快速机动的战术。1944年6月，诺曼底登陆战打响了。巴顿率领他的坦克军团登陆后，立即把坦克部队编成若干坦克群，并命令部下“以最快的速度，向一切可以推进的地方推进”。就这样，巴顿的军队以猛烈的进攻和迅速的推进打破了德军在诺曼底地区的防

名人档案馆 *The Famous People*

姓　　名： 乔治·史密斯·巴顿（1885—1945）

成　　就： “二战”期间，指挥北非登陆战役和西西里岛登陆战役等，大战德国纳粹，横扫北非和欧洲。

名人名言： 领导艺术是赢得战争的关键。

yù　bǎ jú bù xìng de zhàn yì biàn chéng le quán miàn de yùn dòng zhàn　nián
御，把局部性的战役变成了全面的运动战。1945年3

yuè　bā dùn zài cì fā huī zhuāng jiǎ bīng kuài sù jī dòng de yōu
月，巴顿再次发挥装甲兵快速机动的优

shì　shuài lǐng tā de tǎn kè xióng shī tū pò le pèi yǒu
势，率领他的坦克雄师突破了配有

jiān gù fáng wèi gōng shì de dé guó　qí gé fēi fáng xiàn
坚固防卫工事的德国“齐格菲防线”，

dù guò lái yīn hé　xiāo miè le hé xī de dé jūn　bìng bǎ kàng
渡过莱茵河，消灭了河西的德军，并把抗

jī dé guó jūn duì de zhàn xiàn bú duàn xiàng zòng shēn tuī jìn
击德国军队的战线不断向纵深推进。

bā dùn zhì jūn yán jǐn　zuò zhàn yǒng měng　ér qiě zhàn jì
巴顿治军严谨，作战勇猛，而且战绩

zhuó yuè　yīn cǐ rén men dōu zūn chēng tā wéi　xuè dǎn jiāng jūn
卓越，因此人们都尊称他为“血胆将军”。

诺曼底登陆建奇勋

★ 盟军统帅——艾森豪威尔 ★

艾森豪威尔是美国德克萨斯州人，因自幼家境贫寒，他和几个兄弟姐妹经常遭到其他孩子的嘲笑。少年时代的艰苦生活培养了艾森豪威尔坚毅、顽强、好胜的性格。

名人档案馆 *The Famous People*

姓　　名：德怀特·戴维·艾森豪威尔（1890—1969）

成　　就："二战"期间，成功指挥了北非登陆、西西里岛登陆、诺曼底登陆等重大战役。

名人名言：自立自强是生活的基本原则。

中学毕业后，为减轻家庭负担，他选择了免费录取他的西点军校，在学校接受了严格的军事训练。

第一次世界大战期间，巴拿马地区的司令看中了艾森豪威尔的军事才华，邀请他到巴拿马服役，并给予他特殊的栽培。又经过几年的认真学习和刻苦训练，艾森豪威尔成为一名成熟而出色的军事人才。

1944年，艾森豪威尔被任命为欧洲盟军远征军最高统帅，主要负责组织实施由美、英、法等国组成的盟军在欧洲的登陆作战计划，为配合苏德战场最后击败纳粹德国创造条件。经过反复的研究，艾森豪威尔最终决定在法国诺曼底实施登陆作战方案。方案制订后，艾森豪威尔故意放出假情报，让德军认为盟军会在法国加莱海峡沿岸登陆。

德军收到假情报后，果然

bǎ zhǔ lì jūn tuán quán bù bù shǔ zài jiā lái hǎi xiá yán àn ér jǐn yòng bú dào
把主力军团全部部署在加莱海峡沿岸，而仅用不到9
wàn rén de bīng lì zhù shǒu zài nuò màn dǐ jí fù jìn dì qū nián yuè
万人的兵力驻守在诺曼底及附近地区。1944年6月6
rì líng chén méng jūn zài fēi jī hé zhàn jiàn de yǎn hù xià xiàng nuò màn dǐ fā dòng
日凌晨，盟军在飞机和战舰的掩护下，向诺曼底发动
dēng lù tū xí méng jūn guān bīng jīng guò yì tiān de fèn lì pīn shā zhōng yú qǔ dé
登陆突袭。盟军官兵经过一天的奋力拼杀，终于取得
le nuò màn dǐ dēng lù zhàn de chéng gōng
了诺曼底登陆战的成功。

nuò màn dǐ dēng lù shì shì jiè lì shǐ shang guī mó zuì dà de liǎng qī dēng lù zhàn
诺曼底登陆是世界历史上规模最大的两栖登陆战
yì duì jiā sù fǎ xī sī dé guó de bēng kuì qǐ dào le zhì guān zhòng yào de zuò yòng
役，对加速法西斯德国的崩溃起到了至关重要的作用。

ài sēn háo wēi ěr shuài lǐng méng jūn duō cì dǎ bài fǎ xī sī jūn duì wèi jié
艾森豪威尔率领盟军多次打败法西斯军队，为结
shù zhàn zhēng zuò chū le bù kě mó miè de gòng xiàn
束战争做出了不可磨灭的贡献。

第 4 章

思想宗师

SIXIANG ZONGSHI

历史上有这样一群人：他们探求人类思想领域内的抽象学术概念，他们的思想和学说往往影响着几代人甚至几千年来人类文明的发展进程。儒学大师孔子的“仁爱”思想对中国2000多年的社会产生了巨大影响；柏拉图开办学园广收弟子，他的哲学思想对西方文明影响深远……虽然这些思想宗师们往往遭到同时代人的误解，但是对真理的不懈追求成就了他们的辉煌人生。

chuàng zuò dào dé jīng
创作《道德经》

★道家学派的鼻祖——老子★

chūn qiū shí qī chǔ guó yǒu yí wèi bó xué duō cái de dà xué zhě lǎo zǐ tā jīng tōng zhōu lǐ zài luò yáng zuò cáng shū shǐ guān

春秋时期，楚国有一位博学多才的大学者——老子。他精通周礼，在洛阳做藏书史官。

lǎo zǐ zài luò yáng zhù le hěn duō nián hòu lái tā kàn dào dōng zhōu cháo zhèng yuè lái yuè fǔ bài ér qiě gè zhū hóu guó zhī jiān zhàn luàn bú duàn jiù jué dìng qù mín fēng chún pǔ de qín guó ān dù wǎn nián yú shì lǎo zǐ qí zhe qīng niú shàng lù le

老子在洛阳住了很多年。后来，他看到东周朝政越来越腐败，而且各诸侯国之间战乱不断，就决定去民风淳朴的秦国安度晚年。于是，老子骑着青牛上路了。

zhè yì tiān lǎo zǐ lái dào hán gǔ guān kǒu yù dào le shǒu guān de lǎo péng you yǐn zǐ

这一天，老子来到函谷关口，遇到了守关的老朋友尹子。

yǐn zǐ duì lǎo zǐ de chǔ shì zhì huì yǐ jí zhòng duō yǒu guān zhèng zhì shè huì yǔ rén shēng de guān diǎn fēi cháng gǎn xìng qù jiàn yì lǎo

尹子对老子的处世智慧以及众多有关政治、社会与人生的观点非常感兴趣，建议老

名人档案馆 *The Famous People*

姓　　名： 李耳（尊称老子）（生卒年不详）

成　　就： 以“道”为核心概念，推演出具有整体观念和朴素辩证意识的哲学体系，创立了道家学派。

名人名言： 千里之行，始于足下。

子把它们写下来传给后世。老子同意了。经过几个月的努力，老子把自己关于道、德、无为而治，以及对宇宙、人生、社会等方面的见解，全部融在了一本书中，写成一部五千多字的《道德经》。

这本书的核心内容是“道”，也就是讲自然万物存在的道理和为人处世的学问。老子认为“道”是宇宙的本源，世间万事万物的形成和发展都是由“道”转化而成的。老子著成《道德经》，使得道家学派随之创立，这对中国乃至世界都产生了重要影响。

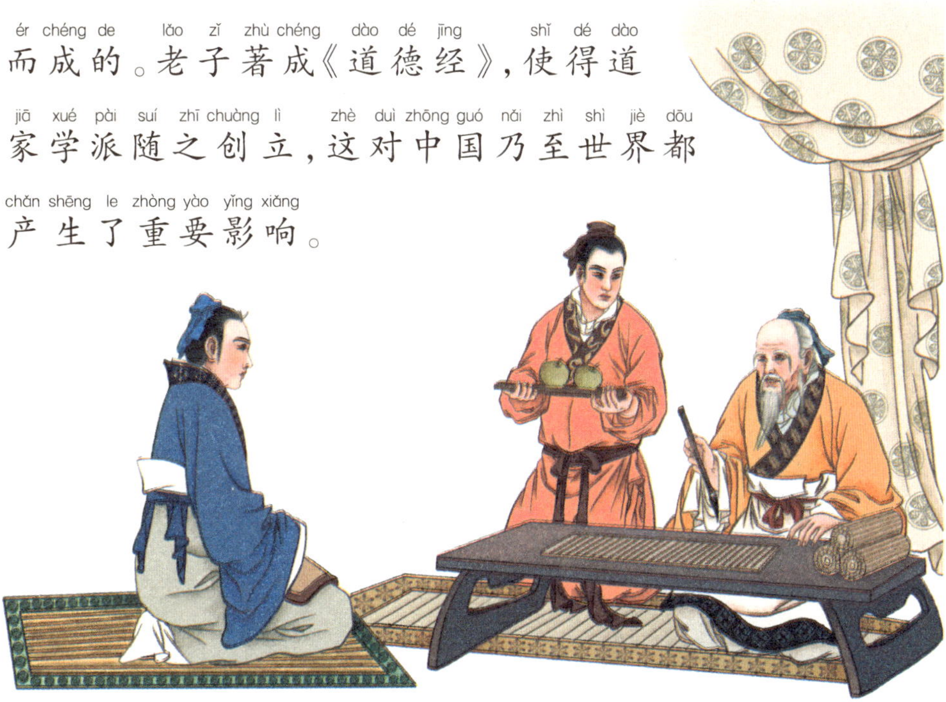

虚心好学，兴办教育

★中华千古圣人——孔子★

孔子是春秋时期鲁国人，他十分虚心好学。孔子曾跟随一位叫师襄子的古琴家学琴。有一次，孔子反复练习一首曲子。师襄子多次告诉孔子，说这首曲子他已经弹得很好了，可以学新曲子了，但孔子却依然不满意，他要么说自己还没熟练掌握弹琴的要领，要么说还没体会作曲者的志趣为人。一段时间之后，孔子终于说道：“我体会到作曲者是什么样的人了。他肤色黝黑，身材高大，目光

名人档案馆 *The Famous People*

姓　名： 孔丘（尊称孔子）（前551—前479）

成　就： 创立儒家学派，整理“六经”，为中国古代文化的发展做出了不朽的贡献。

名人名言： 三人行，必有我师焉。

深邃，心系苍生，胸怀天下，除了周文王还能是谁呢？”

正是由于他的虚心好学，孔子终于成了一位大学问家。他渐渐开始以私人的身份授徒讲学。他善于因材施教，并且主张人人都享有平等接受教育的权利。孔子一生大约教出3000位学生，其中著名的就有72人。

孔子还是儒家学派的创始人，为中国古代文化发展做出了不朽的贡献。其中，记录他言行的《论语》一书，更是对中华民族的民族性格及道德行为有着重大影响。

tuī xíng zhé xué zhì guó sī xiǎng

推行哲学治国思想

★ 西方哲学之父——柏拉图 ★

bó lā tú shì gǔ xī là zhù míng de zhé xué jiā tā
柏拉图是古希腊著名的哲学家。他
chū shēng zài yǎ diǎn yí gè xiǎn hè de nú lì zhǔ jiā tíng cóng xiǎo
出生在雅典一个显赫的奴隶主家庭，从小
jiù jiē shòu le liáng hǎo de jiào yù zhǎng dà hòu tā bài zhù míng
就接受了良好的教育。长大后，他拜著名
zhé xué jiā sū gé lā dǐ wéi
哲学家苏格拉底为
shī zhuī suí tā nián zhī jiǔ
师，追随他8年之久。

gōng yuán qián nián
公元前399年，
sū gé lā dǐ yǐ gǔ huò qīng nián de zuì
苏格拉底以“蛊惑青年”的罪
míng bèi yǎ diǎn zhèng fǔ pàn chǔ sǐ xíng lǎo
名被雅典政府判处死刑。老
shī de sǐ ràng bó lā tú duì zhèng fǔ de cán
师的死让柏拉图对政府的残
bào tǒng zhì yuè fā bù mǎn yú shì tā
暴统治越发不满。于是，他
lí kāi yǎ diǎn kāi shǐ le cháng dá nián
离开雅典，开始了长达12年
de hǎi wài yóu lì shēng huó
的海外游历生活。

名人档案馆 *The Famous People*

姓　　名： 柏拉图（前427—前347）

成　　就： 是古希腊最著名的唯心主义哲学家和思想家，主要著作有《理想国》和《法律篇》等。

名人名言： 制造不公比承受不公更可耻。

yóu lì guī lái hòu bó lā tú xiě chū le lǐ xiǎng guó zhè bù wěi dà de
游历归来后，柏拉图写出了《理想国》这部伟大的
zhù zuò zài shū zhōng tā yòng duì huà de xíng shì tàn tǎo le jīng jì zhèng zhì zhé
著作。在书中，他用对话的形式探讨了经济、政治、哲
xué jiào yù děng wèn tí bìng tí chū le jiàn lì yí gè xì tǒng de lǐ xiǎng guó jiā
学、教育等问题，并提出了建立一个系统的理想国家
de fāng àn bó lā tú céng xiàng xù lā gǔ guó wáng dí ào ní xiū yī shì jìn xíng
的方案。柏拉图曾向叙拉古国王狄奥尼修一世进行
yóu shuì dí ào ní xiū yī shì bú dàn tīng bu jìn bó lā tú de huà fǎn ér hái
游说，狄奥尼修一世不但听不进柏拉图的话，反而还
yào chǔ sǐ tā xìng hǎo bó lā tú zài péng you de bāng zhù xià táo zǒu le
要处死他。幸好，柏拉图在朋友的帮助下逃走了。

hòu lái bó lā tú zài yǎ diǎn jiāo wài kāi bàn le xī fāng lì shǐ shang dì yī
后来，柏拉图在雅典郊外开办了西方历史上第一
zuò xué yuán guǎng shōu xué sheng chuán bō lǐ xiǎng guó de lǐ niàn bìng jì xù zuān yán
座学园，广收学生，传播“理想国”的理念，并继续钻研
xué shù
学术。

博学多才，追求真理

★古希腊巨哲——亚里士多德★

亚里士多德出生在古希腊一个宫廷御医家庭。17岁那年，他来到柏拉图创办的学园，一学就是20年。在这段时间里，他对政治、历史、天文、数学、物理、生物学等学科都做了深入研究。可贵的是，亚里士多德并不盲从老师柏拉图的所有观点，而是保留自己的独特见解。

名人档案馆 *The Famous People*

姓　名： 亚里士多德（前384—前322）

成　就： 他的著作堪称古代的百科全书，主要有《工具论》《形而上学》《物理学》《伦理学》《政治学》《诗学》等。

名人名言： 我爱我的老师，但我更爱真理。

公元前335年，学有所成的亚里士多德在雅典郊外创办了吕克昂学园。他经常带领学生们在学园的林荫道上

yì biān sàn bù yì biān zì yóu de tǎo lùn gè zhǒng zhé xué wèn tí
一边散步，一边自由地讨论各种哲学问题。
yú shì rén men chēng lǚ kè áng xué yuán wéi xiāo yáo xué pài
于是，人们称吕克昂学园为“逍遥学派”。

zài xué yuán li yà lǐ shì duō dé chú le jiāo xué hái
在学园里，亚里士多德除了教学，还
duì shēng wù xué hé zì rán kē xué jìn xíng le dà liàng de yán
对生物学和自然科学进行了大量的研
jiū zài zhé xué shēng wù xué jiě pōu xué zhí wù xué tiān
究，在哲学、生物学、解剖学、植物学、天
wén xué hé wù lǐ xué děng fāng miàn qǔ dé le huī huáng de chéng jiù
文学和物理学等方面取得了辉煌的成就。
yīn cǐ yà lǐ shì duō dé chéng wéi hòu shì duō mén xué kē de chuàng
因此，亚里士多德成为后世多门学科的创
shǐ rén hé diàn jī rén wèi rén lèi zhé xué hé kē xué de fā zhǎn zuò chū le jù dà
始人和奠基人，为人类哲学和科学的发展做出了巨大
gòng xiàn bèi hòu rén yù wéi bǎi kē quán shū shì de zhì zhě
贡献，被后人誉为“百科全书式的智者”。

周游列国，著书讲学

★儒家“亚圣”——孟子★

战国时期的孟子继承和发展了孔子的学说，是中国历史上仅次于孔子的儒家“亚圣”。他在42岁以后开始周游各国，宣传自己的思想。

名人档案馆 *The Famous People*

姓　　名： 孟轲（尊称孟子）（约前372—前289）

成　　就： 继承并发扬了孔子学说，所著《孟子》一书具有重要的教育意义和思想价值。

名人名言： 生于忧患，死于安乐。

有一次，孟子来到了魏国。这时正赶上魏国败给东面的齐国，魏王的大儿子在战场上阵亡，并且西面又被秦国夺去七百里土地，南面还受辱于楚国。魏王痛心疾首，询问孟子怎样才能雪耻图强。孟子的回答很简单：如果魏王能够施行仁政，在

fǎ zhì shang jiǎn qīng xíng fá zài jīng jì shang jiàng
法治上减轻刑罚，在经济上降
dī fù shuì zài jiào yù shang tuī xíng rú jiā yí
低赋税，在教育上推行儒家一
guàn zhǔ zhāng de xiào tì zhōng xìn de
贯主张的“孝”“悌”“忠”“信”的
xiū yǎng hé xíng wéi jiù néng shǐ shè huì ān dìng
修养和行为，就能使社会安定，
cái zhèng jīng jì chōng yù rén mín fēng yī zú shí
财政经济充裕，人民丰衣足食。
dào le zhè ge shí hou rén rén zì lì zì qiáng ruò
到了这个时候，人人自立自强，若
zài qù zhēng tǎo bié de guó jiā nà zì rán shì tiān xià wú dí mèng zǐ de yì fān
再去征讨别的国家，那自然是天下无敌。孟子的一番
huà shuō de wèi wáng lián lián diǎn tóu
话说得魏王连连点头。

dào le wǎn nián mèng zǐ jié shù zhōu yóu shēng huó kāi shǐ zhù shū jiǎng xué
到了晚年，孟子结束周游生活，开始著书讲学。
tā hé dì zǐ biān chéng mèng zǐ yì shū shū zhōng jì lù le mèng zǐ de yán xíng
他和弟子编成《孟子》一书，书中记录了孟子的言行，
shì rú jiā zhòng yào jīng diǎn zhī yī
是儒家重要经典之一。

知识就是力量

★现代实验科学的始祖——培根★

培根是英国17世纪著名的哲学家和科学家。他出身名门，自修获得律师资格并步入政界，成为国家重臣。但培根的志向并不在政治活动上，而在于对科学真理的探求上。

1605年，培根出版了《学术的进展》一书，批判了贬损知识的愚昧思想，并从宗教的信仰、国家的治理、社会的发展、个人的道德品性等方

名人档案馆 *The Famous People*

姓　　名： 弗兰西斯·培根（1561—1626）

成　　就： 是近代归纳法的创始人，也是给科学研究程序进行逻辑组织化的先驱，著有《学术的进展》《新工具》等。

名人名言： 社会犹如一条船，每个人都要自己掌舵。

面论证了知识的巨大作用和价值。1620年，培根尚未完成的著作《伟大的复兴》出版了，其主要部分是著名的《新工具论》。他在书中论述了经验的认识原理，并开创了经验的认识方法，还提倡将科学的理论与实际相结合。培根还撰写了《沉思录》一书。他在书中指出，要想控制自然、利用自然，就必须掌握科学知识，并响亮地提出了“知识就是力量”的观点。

培根的思想对近代哲学的发展产生了重大影响，他被马克思誉为“英国唯物主义和整个现代实验科学的真正始祖”。

主权属于人民

★困顿中成长的思想巨人——卢梭★

卢梭是18世纪法国著名的思想家、哲学家、文学家，也是启蒙运动最卓越的代表人物之一。

卢梭生于瑞士日内瓦的一个钟表匠家庭。在父亲的鼓励下，幼年的他读了许多古希腊、古罗马文学中的名人传记。卢梭从13岁起开始自谋生计，做过仆人、学徒和杂役等，遭受了很多苦难。后来，他来到法国，开始了长期颠沛流离的生活。

卢梭出身贫寒，生活在社会的底层，深深体味到人

名人档案馆 *The Famous People*

姓　　名： 让·雅克·卢梭（1712—1778）

成　　就： 提出“主权在民”的思想，主要著作有《社会契约论》《忏悔录》等。

名人名言： 人生价值由自己决定。

民的苦难，这为他日后坚持为底层人民代言，写出不朽的著作奠定了基础。

卢梭最重要的著作是《社会契约论》，在书中他详细阐述了人民主权学说。他认为，国家的责任就是保护人民的“公共幸福和利益”，这就是人民的最高意志。这些观点成为法国大革命思想的基石。卢梭还写有自传体小说《忏悔录》。这本书体现了卢梭的个性自由和个性解放思想，在政治和艺术上对欧洲的文学发展产生了巨大影响。

qǐ cǎo gòng chǎn dǎng xuān yán
起草《共产党宣言》

★马克思主义的奠基人——马克思★

mǎ kè sī shēng huó zài fēng jiàn zhuān zhì tǒng zhì xià de dé guó
马克思生活在封建专制统治下的德国，
tā cóng xiǎo jiù biǎo lù chū le kě wàng wèi rén lèi xiàn shēn de
他从小就表露出了渴望为人类献身的
jīng shén nián mǎ kè sī zài bā lí jié shí le ēn
精神。1844年，马克思在巴黎结识了恩
gé sī cóng cǐ kāi
格斯，从此开
shǐ le tā men de zhōng shēn hé zuò dì èr
始了他们的终身合作。第二
nián tā men gòng tóng wán chéng le dé yì zhì
年，他们共同完成了《德意志
yì shí xíng tài yì shū dì yī cì tí chū
意识形态》一书，第一次提出
le wú chǎn jiē jí duó qǔ zhèng quán de lì shǐ
了无产阶级夺取政权的历史
rèn wu
任务。

nián mǎ kè sī hé ēn gé sī
1847年，马克思和恩格斯
jiā rù le gòng chǎn zhǔ yì zhě tóng méng bìng
加入了共产主义者同盟，并
cān jiā le gòng chǎn zhǔ yì zhě tóng méng dì èr
参加了共产主义者同盟第二

名人档案馆 *The Famous People*

姓　　名： 卡尔·马克思（1818—1883）

成　　就： 制定科学共产主义理论，创立马克思主义哲学、政治经济学体系。

名人名言： 在选择职业时，我们应该遵循的主要方针是人类的幸福和我们自身的完美。

次代表大会，接受大会委托，起草了同盟的纲领《共产党宣言》。《共产党宣言》总结了无产阶级斗争的历史经验，系统、完整地阐述了关于无产阶级革命与无产阶级专政的理论。从此，世界各国的无产阶级革命运动纷纷以《共产党宣言》为行动指南和斗争纲领。

1861年，马克思开始着手写《资本论》。1867年，《资本论》的第一卷出版。书中系统阐述了马克思主义经济理论的主要基石——剩余价值理论。马克思创立了马克思主义，是全世界无产阶级和劳动人民的革命导师。

革新北京大学

★北大之父——蔡元培★

蔡元培是中国近代著名的教育家。1916年底，他应邀出任北京大学校长。第二年1月，蔡元培走马上任。

名人档案馆 *The Famous People*

姓　　名： 蔡元培（1868—1940）

成　　就： 革新北京大学，发展新的教育思想和教育制度。

名人名言： 若无德，则虽体魄智力发达，适足助其为恶。

蔡元培到校的第一天，校工们排队在门口恭恭敬敬地向他行礼。蔡元培一反历任校长目中无人、不理不睬的惯例，脱下自己头上的礼帽，郑重其事地向校工们回鞠了一个躬。要知道，蔡元培上任之前的北京大学一直都是一个官府气息浓厚的学校，那时的北大校长相当于政府重要官员，所以，蔡元培这一举动使校工和学生们大为震惊。由此开始，蔡元培对北大进行了大刀阔斧的改革。

在改革的过程中，蔡元培提出了著名的“思想自由”“兼容并包”的办学方针。他在当校长期间做的最骇人听闻的事是开放女禁，招收女子入学。那时有一个勇敢的女生向蔡元培请求入学，蔡元培就让她到北大当了旁听生。这件事当时轰动了全北大、全北京。

此后北大再招生时，就允许女生和男生一样应考了。

蔡元培聘请进步学者执教，但也不排斥那些有学术造诣的旧派人物。此外，他还大力鼓励学术研究，提倡社团活动，实行民主办校、教授治校等一系列改革措施。经过一番整顿改革，北大的面貌焕然一新，学术气氛空前浓厚，社团活动十分活跃，新思想、新观念成为了一种风气。这为新文化运动的蓬勃开展，以及后来马克思主义的传播提供了条件，并使北大成为“五四运动”的摇篮和中心。蔡元培革新北大，使北大成为举世闻名的高等学府，造就了中国教育史上的不朽篇章。

第5章

文学泰斗

WENXUE TAIDOU

在悠久的历史长河中，优秀的文学家层出不穷，他们通过不朽的文字给世人留下了无数鸿篇巨制，让人们充分领略了文学的无穷魅力。洁身自好的屈原创作了优美的楚辞体，唱出了爱国忧民的伟大情怀；博学多才的但丁将激情与理想融入到《神曲》中……翻开本章，你会发现，每位文学家的成才之路本身就是一部动人的极佳作品。

chuàng zuò lí sāo yǐ sǐ bào guó

创作《离骚》，以死报国

★中国浪漫主义诗赋之祖——屈原★

qū yuán shì zhàn guó shí qī chǔ guó de sān lǘ dà
屈原是战国时期楚国的三闾大
fū tā hěn yǒu xué wen dǒng de zhì guó zhī dào dàn shì
夫，他很有学问，懂得治国之道。但是，
chǔ qǐng xiāng wáng tīng xìn jiān chén duì qū yuán de wū xiàn bǎ tā
楚顷襄王听信奸臣对屈原的诬陷，把他
gé zhí liú fàng dào le
革职流放到了
piān yuǎn de xiāng nán
偏远的湘南。

qū yuán dào le xiāng nán yǐ hòu xīn
屈原到了湘南以后，心
qíng fēi cháng kǔ mèn tā jīng cháng pī san zhe
情非常苦闷，他经常披散着
tóu fa zài mì luó jiāng biān sàn bù chàng zhe
头发在汨罗江边散步，唱着
yōu guó yōu mín de shī gē tàn xī liú lèi
忧国忧民的诗歌，叹息流泪。
tā tòng xī zǔ guó chǔ yú wēi nàn yǒu gǎn
他痛惜祖国处于危难，有感
yú zì jǐ zhì guó de lǐ xiǎng bù néng shí xiàn
于自己治国的理想不能实现，
yú shì chuàng zuò chū le lí sāo zhè bù zuò
于是创作出了《离骚》这部作

名人档案馆 *The Famous People*

姓　　名： 屈平（字原）（约前340—约前278）

成　　就： 创作了《离骚》《九歌》等作品，创立了楚辞这种新的诗歌形式。

名人名言： 路漫漫其修远兮，吾将上下而求索。

品。诗中，屈原通过大量优美的神话和神奇的想象，反复表述自己的心迹——绝不放弃理想，宁死也不改变自己的人格。

公元前278年，秦国攻破楚国郢都，屈原悲痛万分。农历五月初五这一天，他来到汨罗江边，决心以死警告出卖国家的人，激发百姓的爱国之情。他抱起一块大石头，奋力向江心一跳，很快便沉了下去。

后来，人们将每年的五月初五定为“端午节”，以纪念这位有着高贵人格的爱国诗人。

rěn rǔ fā fèn zhù shǐ jì
忍辱发愤著《史记》

★中国伟大的史学家——司马迁★

xī hàn hàn wǔ dì shí qī sī mǎ tán dān rèn tài shǐ lìng zhǎng guǎn tiān wén
西汉汉武帝时期，司马谈担任太史令，掌管天文，
jì zǎi shǐ shì hòu lái sī mǎ tán dé le zhòng bìng lín sǐ qián gěi qí zǐ sī
记载史事。后来，司马谈得了重病，临死前给其子司
mǎ qiān liú xià yí yán yào tā jì chéng zì jǐ de shì yè biān xiě shǐ shū
马迁留下遗言，要他继承自己的事业，编写史书。

gōng yuán qián nián sī mǎ qiān bèi
公元前108年，司马迁被
rèn mìng wéi tài shǐ lìng wèi le wán chéng fù
任命为太史令。为了完成父
qīn de yí yuàn tā dà liàng yuè dú guó jiā
亲的遗愿，他大量阅读国家
cáng shū yán jiū gè zhǒng shǐ liào dào
藏书，研究各种史料。到42
suì de shí hou tā kāi shǐ dòng shǒu biān xiě
岁的时候，他开始动手编写
shǐ shū
史书。

gōng yuán qián nián zhèng dāng sī mǎ
公元前99年，正当司马
qiān de xiě shū gōng zuò jìn rù jǐn zhāng jiē duàn
迁的写书工作进入紧张阶段
de shí hou yì cháng zāi nàn jiàng lín le
的时候，一场灾难降临了。

名人档案馆 *The Famous People*

姓　　名： 司马迁（约前145或前135—？）

成　　就： 著成《史记》一书，开创了中国纪传体史书的先河，影响了后世史学和文学的发展。

名人名言： 人固有一死，或重于泰山，或轻于鸿毛。

正直的司马迁因为替投降匈奴的大将李陵辩护，被降罪而惨遭宫刑。这种刑罚对于一个男人来说是奇耻大辱，司马迁痛苦万分。他曾想到自杀，可是他知道如果现在死去，就和死一只蚂蚁没有区别。他想到父亲的遗愿，想到还没有完成的著作，于是强忍肉体上和精神上的巨大痛苦，发愤著书。

经过努力，司马迁终于写完了不朽巨著《史记》。这是我国历史上第一部纪传体通史，对后世史学的影响非常深远，被后人誉为“史家之绝唱”。

zì yóu sǎ tuō xiě shī piān

自由洒脱写诗篇

★名传千古的“诗仙”——李白★

唐玄宗在位时，诗人李白来到了长安，做了一个为皇帝草拟文件的小官。

入宫之后，李白很想为国家做一番事业，可是他生性高傲，对当时官场的腐朽风气非常不满。当遇到现实生活中的丑恶现象时，他就表现得非常愤怒。传说，他写文章时甚至让唐玄宗的大红人高力士为他脱靴。李白写过一首著名的《梦游天姥吟留别》，诗中写道：

名人档案馆 *The Famous People*

姓　　名： 李白（701—762）

成　　就： 创作了大量流传千古的诗歌和散文作品，成为历代文人学习的典范，对后世产生了十分深远的影响。

名人名言： 天生我材必有用。

“安能摧眉折腰事权贵，使我不得开心颜！”他以奔放的笔调表达自己自由独立、不向任何人低头的心声。李白因为大胆揭露腐败的政治现象，遭到了朝廷里有权势的人的嫉恨，很快，他就被放逐回乡了。

离开长安后，李白四处游走，一路上写下了许多优秀的诗篇。他的诗歌充满了澎湃的激情和神奇的想象，既有气势浩荡、变幻莫测的壮观奇景，又有自然天成的明丽意境，美不胜收。他是强盛的唐朝孕育出来的天才诗人，被誉为“诗仙”。

忧国忧民创“诗史”

一代“诗圣”——杜甫

杜甫是唐代最著名的大诗人之一，写下了许多优秀的诗歌。

杜甫在唐都长安待了十年，他在这里亲眼看到达官贵族生活豪华奢侈，穷人却只能受冻挨饿，感到非常悲愤不平，于是写下了“朱门酒肉臭，路有冻死骨”这样揭露社会现实的著名诗句。后来，杜甫刚刚得到一个官职，却不幸爆发了节度使安禄山的叛乱。长安一带的百姓纷纷逃难，杜甫也弃官回乡。那

名人档案馆 *The Famous People*

姓　　名： 杜甫（712—770）

成　　就： 创造性地发挥了各种诗体的功能，为各种诗体树立了典范。

名人名言： 读书破万卷，下笔如有神。

shí hou táng jūn wèi le píng xī pàn luàn dào chù lā zhuàng dīng bǔ chōng
时候，唐军为了平息叛乱，到处拉壮丁补充
bīng lì bǎ bǎi xìng zhē teng de wú fǎ shēng huó dù fǔ kàn dào
兵力，把百姓折腾得无法生活。杜甫看到
zhè zhǒng qī cǎn de qíng jǐng xīn lǐ shí fēn bù píng jìng huī bǐ
这种凄惨的情景，心里十分不平静，挥笔
xiě xià le sān lì shí háo lì tóng guān lì xīn ān
写下了“三吏”（《石壕吏》《潼关吏》《新安
lì hé sān bié xīn hūn bié chuí lǎo bié wú
吏》）和“三别”（《新婚别》《垂老别》《无
jiā bié tā men shì shī gē shǐ shang de bù xiǔ míng piān
家别》），它们是诗歌史上的不朽名篇。

dù fǔ de shī gē jiù xiàng yì fú cháng cháng de lì shǐ huà juàn zhēn shí shēng
杜甫的诗歌就像一幅长长的历史画卷，真实生
dòng de fǎn yìng le táng cháo zhōng wǎn qī de shè huì fēng mào yīn cǐ bèi chēng wéi shī
动地反映了唐朝中晚期的社会风貌，因此被称为“诗
shǐ tā běn rén yě bèi zūn chēng wéi shī shèng zài wén xué shǐ shang xiǎng yǒu chóng
史”。他本人也被尊称为“诗圣”，在文学史上享有崇
gāo de dì wèi
高的地位。

著伟词，抒豪情

★一代天才文豪——苏轼★

苏轼自号“东坡居士”，是北宋时期著名的词人。当时，文坛上流行的词大多描写男女之间的感情。苏轼扩大了词的题材范围，他不仅描写花前月下的爱情，而且更把军情国事这样的重大题材写入词中，使词能像诗文一样反映生活。这些词一改以前词人缠绵的词风，体现出一种宏大的境界、恢弘的气势，并且不拘格律、崇尚直率，从而开创了豪放派词风。

名人档案馆 The Famous People

姓　　名： 苏轼（1036—1101）

成　　就： 开创豪放派词风，在文学创作方面代表着北宋的最高成就，是北宋文学的集大成者。

名人名言： 博观而约取，厚积而薄发。

1082年，苏轼游览了黄

zhōu chì bì xiě xià le liú chuán qiān gǔ de míng zuò niàn nú
州赤壁，写下了流传千古的名作《念奴
jiāo chì bì huái gǔ quán wén yáng yì zhe bào guó shā
娇·赤壁怀古》。全文洋溢着报国杀
dí de háo qíng chéng wéi háo fàng pài de jié chū dài biǎo zuò
敌的豪情，成为豪放派的杰出代表作。

chú le zài cí shang qǔ dé le chéng jiù sū shì de
除了在词上取得了成就，苏轼的
sǎn wén yě xiě de rú xíng yún liú shuǐ yì bān néng yòng zuì
散文也写得如行云流水一般，能用最
jiā de xíng shì biǎo xiàn wén zhāng de nèi róng tā yīn cǐ bèi chēng wéi táng sòng bā dà
佳的形式表现文章的内容，他因此被称为“唐宋八大
jiā zhī yī lìng wài tā zài shū fǎ hé huì huà shang yě yǒu xiāng dāng gāo de shuǐ
家”之一。另外，他在书法和绘画上也有相当高的水
píng sū shì yì shēng lì jìn kǎn kě què shǐ zhōng bǎo chí zhe kuàng dá lè guān de xīn
平。苏轼一生历尽坎坷，却始终保持着旷达乐观的心
jìng yòng dà dù ér yòu sǎ tuō de qì shì xiě xià le wú shù jié zuò chéng wéi zhōng
境，用大度而又洒脱的气势写下了无数杰作，成为中
guó wén xué shǐ shang de yí dài tiān cái wén háo
国文学史上的一代天才文豪。

生活历练，创作《神曲》

★中世纪最后一位诗人——但丁★

但丁是意大利诗人，也是中古至文艺复兴的过渡时期最有代表性的作家。但丁所生活的年代，意大利在政治上陷入了分裂状态，各党派之间纷争不断。但丁参加了代表市民利益的党派，反对封建贵族阶级的压迫。然而，不久后他所在的党派发生了分裂，而但丁所支持的一方在斗争中失败了。获胜的一方判但丁永久流放，从此，但丁开始了近20年的流放生涯。

名人档案馆 *The Famous People*

姓　　名： 但丁·阿利吉耶里（1265—1321）

成　　就： 创作了《神曲》等文学巨著。

名人名言： 走自己的路，让别人去说吧！

在流放期间，但丁游历

了许多城市，广泛接触到意大利动乱的现实以及下层人民的艰苦生活，加深了他对祖国命运和人民生活的忧虑。但他并不悲观，坚信在不久的将来会有实现和平统一意大利的人出现，并创作出了《神曲》。

但丁的作品在艺术上具有极高的价值，在内容上透露着人文主义思想的曙光。因此，他被誉为“中世纪的最后一位诗人，同时又是新时代的最初一位诗人”。

创作不朽的戏剧

★古典戏剧大师——莎士比亚★

莎士比亚出生在英国一个富商家庭。儿时的他好奇心强，很喜欢听故事。5岁那年，小莎士比亚和父母一起观看了一场戏剧，舞台上的精彩表演深深地吸引了他。从此，他的心里就埋下了热爱戏剧的种子。

名人档案馆 *The Famous People*

姓　　名： 威廉·莎士比亚（1564—1616）

成　　就： 一生写了37部戏剧、154首十四行诗，是欧洲文艺复兴时期人文主义文学的集大成者。

名人名言： 放弃时间的人，时间也会放弃他。

相传，由于家道中落，莎士比亚后来来到伦敦谋生。他在一家剧院当上了马夫。在一些剧院人士的帮助下，他慢慢当上了临时替身演员，并尝试改编和创作剧本。他创作出的第一部历史

剧《亨利六世》歌颂了英勇殉国的英军将领，受到人们的喜爱。随后，莎士比亚更加积极地投入到写作中，陆续写下了《罗密欧与朱丽叶》《仲夏夜之梦》《威尼斯商人》等多部传世之作，成功地塑造了罗密欧、朱丽叶、夏洛克、哈姆雷特等一大批栩栩如生的文学形象。

莎士比亚的戏剧内容丰富，情节生动，语言优美，对后世戏剧影响很大，他因此被西方公认为近代戏剧的开山鼻祖。

ǒu xīn lì xuè zhù hóng lóu mèng

呕心沥血著《红楼梦》

★中国文学史上的奇才——曹雪芹★

cáo xuě qín shì qīng dài wén xué jiā tā de jiā shì céng jīng xiǎn hè wú bǐ
曹雪芹是清代文学家。他的家势曾经显赫无比，
dàn hòu lái jiā dào shuāi luò cóng cǐ shòu jìn le qí shì yě cháng dào le shēng huó de
但后来家道衰落，从此受尽了歧视，也尝到了生活的
jiān xīn kàn dào le shè huì de hēi àn hé cán kù
艰辛，看到了社会的黑暗和残酷。

cáo xuě qín de shēng huó jiàn jiàn xiàn rù fēi cháng jiān nán de jìng dì shèn zhì yào kào jiè zhài hé yǒu rén jiē jì dù rì jiù shì zài zhè yàng de qíng kuàng xià cáo xuě qín kāi shǐ le xiǎo shuō hóng lóu mèng de chuàng zuò
曹雪芹的生活渐渐陷入非常艰难的境地，甚至要靠借债和友人接济度日。就是在这样的情况下，曹雪芹开始了小说《红楼梦》的创作。

xiě shū méi yǒu qián mǎi zhǐ tā jiù bǎ jiù huáng lì chāi kāi bǎ shū yè fǎn guo lai zhé shàng dìng chéng běn zi zì jiù xiě zài huáng lì de bèi miàn zài tā xiě hóng lóu mèng de
写书没有钱买纸，他就把旧皇历拆开，把书页反过来折上，订成本子，字就写在皇历的背面。在他写《红楼梦》的

名人档案馆 *The Famous People*

姓　　名： 曹霑（号雪芹）（1715—1763）

成　　就： 精心构撰了小说《红楼梦》，这部巨作在艺术成就上达到了中国古典小说的最高峰。

名人名言： 世事洞明皆学问，人情练达即文章。

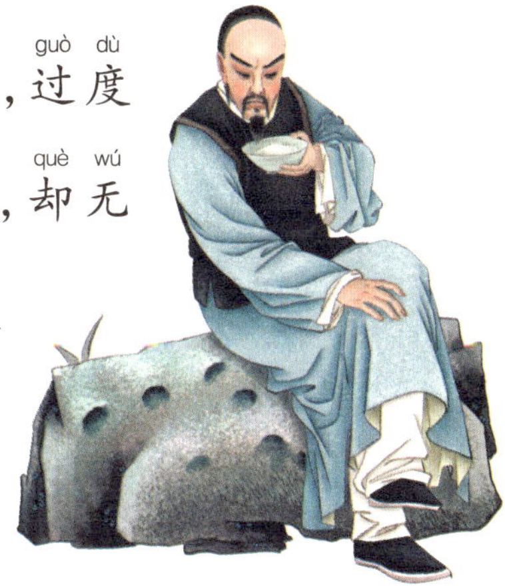

guò chéng zhōng qī zi qù shì le ài zǐ yāo zhé le guò dù
过程中，妻子去世了，爱子夭折了，过度
de bēi shāng ràng tā bìng dǎo le tā pín bìng jiāo jiā què wú
的悲伤让他病倒了。他贫病交加，却无
qián qiú yī dàn tā hái shi jiān chí xiě zuò jīng guò
钱求医，但他还是坚持写作。经过
pī yuè shí zǎi zēng shān wǔ cì cáo xuě qín
“披阅十载，增删五次”，曹雪芹
hào jìn xīn xuè zhōng yú xiě jiù le hóng lóu mèng
耗尽心血，终于写就了《红楼梦》
de qián huí
的前80回。

hóng lóu mèng miáo xiě le jiǎ jiā zhè ge dà jiā zú cóng fán shèng zǒu xiàng shuāi
《红楼梦》描写了贾家这个大家族从繁盛走向衰
bài de guò chéng sù zào chū le jiǎ bǎo yù lín dài yù wáng xī fèng xuē bǎo chāi
败的过程，塑造出了贾宝玉、林黛玉、王熙凤、薛宝钗
děng xǔ duō chéng gōng de yì shù xíng xiàng cáo xuě qín yòng bì shēng de xīn xuè wèi zhōng
等许多成功的艺术形象。曹雪芹用毕生的心血，为中
guó wén xué nǎi zhì shì jiè wén xué bǎo kù fèng xiàn le yí bù jié chū de jīng pǐn
国文学乃至世界文学宝库奉献了一部杰出的精品。

立志记录法国风俗史

★批判主义大师——巴尔扎克★

巴尔扎克是欧洲批判现实主义文学的奠基人和杰出代表。他的创作之路充满了艰辛和痛苦。在早期的创作期间，他曾因生活所迫写过许多迎合当时庸俗社会风气的小说。他还与出版商合作，想通过出版和印刷赚一点儿钱，但是经营状况并不理想。这段经历使巴尔扎克真正认识了法国社会，深刻体验到资本主义社会人与人之间冷酷的金钱关系，认识到人性唯利是图的一面，这成为后来他所创

名人档案馆 *The Famous People*

姓　　名： 奥诺雷·德·巴尔扎克（1799—1850）

成　　就： 作品被誉为“法国社会的一面镜子”。代表作品为《欧也妮·葛朗台》和《高老头》。

名人名言： 心灵反映生活，面貌反映心灵。

作的小说集《人间喜剧》的最重要的主题。

待经济状况好转后，巴尔扎克便开始全身心投入到文学创作中。巴尔扎克用20年的心血和精力，创作了90多部长、中、短篇小说和随笔，并将其命名为《人间喜剧》，其中代表作为《欧也妮·葛朗台》和《高老头》。

100多年来，巴尔扎克的作品传遍了全世界，对世界文学产生了巨大影响，巴尔扎克也因此在世界文学史上树立了不朽的丰碑。

奔放自由，疾恶如仇

★俄罗斯文学的太阳——普希金★

普希金出生在俄国的一个贵族家庭。在大学读书期间，他接触并形成了自由的思想，并且深深爱上了文学创作。毕业后，他常参加一些进步文学社团的活动，并创作了很多诗歌。由于普希金的一些诗歌影射了沙皇及其宠臣，沙皇便把他流放到了偏远的南方。

南方的大自然深深吸引和感染了普希金，同时也激

名人档案馆 *The Famous People*

姓　　名： 亚历山大·谢尔盖耶维奇·普希金（1799—1837）

成　　就： 是俄国文学的始祖。代表作为诗体小说《叶甫盖尼·奥涅金》。

名人名言： 希望是厄运的忠实姐妹。

发了他对自由的渴望。在流放期间，他写出了《茨冈》《高加索的俘虏》《强盗兄弟》等大量的优秀诗歌。

后来，普希金从流放地回到了莫斯科，后又迁居彼得堡，可他的生活依然受到沙皇政府的监视。尽管如此，普希金依然坚持创作。他创作的诗体小说《叶甫盖尼·奥涅金》及现实主义长篇小说《上尉的女儿》描写了俄国社会的现实生活，堪称经典的传世之作。

普希金用众多优秀作品“为自己树立了一座非金石的纪念碑”，被誉为“俄罗斯文学的太阳”。

用文学反对暴力和战争

★ 法国浪漫主义作家——雨果 ★

法国作家雨果生活的年代，法国连年发生战争，社会动荡不安，在此情形下，雨果决定用文学创作来反对恐怖、反对流血、反对战争。在这种思想的指引下，雨果创作了大量的诗歌、戏剧和小说，包括长篇历史小说《巴黎圣母院》。这部小说极富浪漫主义色彩，揭露了宗教的虚伪，歌颂了下层劳动人民的善良和友爱。

为了使自己的作品更加真实和深邃，雨果总是在收集大量的资料之后才动笔。

名人档案馆 *The Famous People*

姓　　名： 维克多·雨果（1802—1885）

成　　就： 一生创作了大量文学作品，是法国浪漫主义文学的代表人物。

名人名言： 书籍是造就灵魂的工具。

在创作《悲惨世界》这部鸿篇巨制时，他就为收集资料花费了三十多年的时间。

《悲惨世界》在当时产生了巨大的轰动，至今仍是文学界的不朽名作。

雨果一生中创作了包括《巴黎圣母院》《悲惨世界》《海上劳工》等众多作品。他的作品以紧张奇异的故事情节、绚丽多彩的景物描写、性格夸张的人物形象、华丽活泼的语言，震动了法国乃至世界文坛，因此他被誉为浪漫主义文学的代表人物。

yòng tóng huà wēn nuǎn rén jiān

用童话温暖人间

★世界童话大师——安徒生★

安徒生出生在丹麦的一个贫困家庭：父亲是个鞋匠，母亲是个洗衣妇。安徒生自幼酷爱文学，为了实现自己的文学梦，他在14岁那年只身来到首都哥本哈根发展。

经过多年的打拼，安徒生成为了一个小有名气的作家。1835年，30岁的安徒生有感于自己童年的不幸，决心为孩子们写作。他出版的第一本童话集叫《讲给孩子们的故事》，包括《打火匣》《小克劳斯和大克劳斯》《豌

名人档案馆 *The Famous People*

姓　名： 汉斯·克里斯蒂安·安徒生（1805—1875）

成　就： 他首次将“童话”从幼稚粗糙的民间传说故事发展成为优美的文学童话，为后世的童话创作留下了经典范文。

名人名言： 清白的良心是一个温柔的枕头。

豆上的公主》《小意达的花》四篇童话。当时，他的作品并未获得评论界的好评，甚至有人认为他没有写童话的天分，建议他趁早放弃，安徒生却说：“这才是我不朽的工作呢！”事实证明，他的作品受到越来越多的孩子的欢迎。此后数年，安徒生在每年的圣诞节都出版一部新的童话，作为献给孩子们的节日礼物。

安徒生一生共创作了160多篇童话，为孩子们编织出许许多多绮丽纯真的梦。因此，人们称他为“童话大师”。

一生追求平民化

★俄国文学泰斗——列夫·托尔斯泰★

列夫·托尔斯泰出生在俄国的一个贵族家庭。从小，他就显露出良好的艺术天赋。9岁那年，他根据祖父的奇闻逸事写成了笔记《祖父讲述的故事》。

24岁那年，托尔斯泰开始服军役，并担任炮兵连长。在多次战役中，他看到了平民出身的军官和士兵的优秀品质，加深了他对平民的同情。

从19世纪50年代起，托尔斯泰开始了文学创作。他目睹了贵族的堕落，被广大农民的悲惨命运深深震撼，

名人档案馆 *The Famous People*

姓　名： 列夫·托尔斯泰（1828—1910）

成　就： 是19世纪俄国最伟大的作家，其创作达到了俄国现实主义文学的顶峰，代表作品有小说《战争与和平》《安娜·卡列尼娜》等。

名人名言： 决心就是力量，信心就是成功。

陆续创作出《战争与和平》《安娜·卡列尼娜》等长篇小说，揭露了当时俄国社会的各种丑恶现象。

在思想上，托尔斯泰一生追求平民化。他认为，农民是最高道德理想的化身，贵族应走向平民化。在晚年，他力求过简朴的平民生活。

托尔斯泰的作品犹如“俄国革命的镜子”，多方面地展示了俄国的社会状况，深刻地揭露了社会现实。因此，托尔斯泰被人们尊称为文坛泰斗。

笑说世俗百态

★幽默文学大师——马克·吐温★

马克·吐温出生在美国的一个偏僻农村，由于家境贫寒，只上过几年小学。12岁时，他来到一家报馆当学徒。辛酸的童工生活磨炼了他的意志。后来，马克·吐温又到航行于密西西比河的轮船上担任领航员。他的笔名“马克·吐温”意为“水深两寻”（安全水域），就与这段生活有关。在轮船上，他接触到各种各样的人，这为他后来的创作积累了大量素材。

名人档案馆 The Famous People

姓　　名： 塞缪尔·朗赫恩·克莱门斯（1835—1910）

成　　就： 是美国的幽默大师、小说家，代表作品有《汤姆·索亚历险记》等。

名人名言： 宁愿闭口不说话，也不要急于表现自己。

27岁那年，马克·吐温

chéng wéi shì yè bào de xīn wén jì zhě bìng yǐ jì
成为《事业报》的新闻记者，并以记
zhě de shēn fèn yóu lì ōu zhōu cóng cǐ zǒu shàng le wén
者的身份游历欧洲，从此走上了文
xué chuàng zuò de dào lù
学创作的道路。

mǎ kè tǔ wēn xiān hòu chuàng zuò le shǎ zi guó wài lǚ
马克·吐温先后创作了《傻子国外旅
xíng jì guò kǔ rì zi dù jīn shí dài jìng xuǎn zhōu zhǎng
行记》《过苦日子》《镀金时代》《竞选州长》
tāng mǔ suǒ yà lì xiǎn jì shǎ guā wēi ěr xùn děng xiǎo shuō
《汤姆·索亚历险记》《傻瓜威尔逊》等小说，
hěn shòu dú zhě huān yíng
很受读者欢迎。。

mǎ kè tǔ wēn de wén zì fēng qù yōu mò shàn yòng fěng cì zhǎn xiàn le
马克·吐温的文字风趣幽默，善用讽刺，展现了
měi guó yí gè shí dài de mín jiān fēng qíng hé shì sú bǎi tài kè huà le měi guó
美国一个时代的民间风情和世俗百态，刻画了美国
mín zú zhī hún yīn cǐ mǎ kè tǔ wēn bèi rén men yù wéi
民族之魂。因此，马克·吐温被人们誉为
yōu mò wén xué dà shī
“幽默文学大师”。

shī yì biǎo dá ài guó xīn

诗意表达爱国心

★ 印度诗哲——泰戈尔 ★

yìn dù shī rén tài gē ěr cóng xiǎo ài hào wén xué yě hěn guān xīn shè huì wèn
印度诗人泰戈尔从小爱好文学，也很关心社会问
tí hòu lái fù qīn jiāng tā sòng dào yīng guó lún dūn dà xué xué xí
题。后来，父亲将他送到英国伦敦大学学习。

xué chéng guī lái de tài gē ěr qīn yǎn mù dǔ yīng guó zhí mín zhě cán kù de
学成归来的泰戈尔亲眼目睹英国殖民者残酷地
bō xuē yìn dù rén mín zhè jī fā le tā
剥削印度人民，这激发了他
qiáng liè de ài guó rè qíng yú shì tā jué
强烈的爱国热情，于是他决
dìng tóu rù dào yìn dù mín zú jiě fàng dòu zhēng
定投入到印度民族解放斗争
de hóng liú zhōng qù nián yìn dù xiān
的洪流中去。1919年，印度掀
qǐ le dì èr cì mín zú jiě fàng yùn dòng de
起了第二次民族解放运动的
gāo cháo tài gē ěr lǐng dǎo yìn dù rén mín
高潮。泰戈尔领导印度人民
jǔ xíng fǎn duì zhí mín tǒng zhì de shì wēi yóu
举行反对殖民统治的示威游
xíng bìng gāo chàng zì jǐ xiě de ài guó shī
行，并高唱自己写的爱国诗
gē zǒu zài duì wu de zuì qián miàn tā hái
歌走在队伍的最前面。他还

名人档案馆 *The Famous People*

姓　　名： 罗宾德拉纳特·泰戈尔（1861—1941）

成　　就： 是印度近代和现代最伟大的诗人、作家，1913年其散文诗集《吉檀迦利》获诺贝尔文学奖。

名人名言： 生如夏花之绚烂，死如秋叶之静美。

xiě xìn gěi yīng guó zǒng dū biǎo shì kàng yì zhí mín tǒng zhì bìng jiān jué fàng qì le yīng
写信给英国总督表示抗议殖民统治，并坚决放弃了英
guó zhèng fǔ shòu yǔ tā de jué wèi hé tè quán
国政府授予他的爵位和特权。

tài gē ěr jiāng ài guó zhī qíng róng yú bǐ duān chuàng zuò le hěn
泰戈尔将爱国之情融于笔端，创作了很
duō kuài zhì rén kǒu de shī gē chū bǎn de shī jí yǒu jí tán
多脍炙人口的诗歌，出版的诗集有《吉檀
jiā lì yuán dīng jí xīn yuè jí fēi niǎo jí děng
迦利》《园丁集》《新月集》《飞鸟集》等。
yìn dù rén mín zūn chóng tā rè ài tā chēng tā wéi shī zhé
印度人民尊崇他、热爱他，称他为“诗哲”
yìn dù de liáng xīn hé yìn dù de líng hún nián tài
“印度的良心和印度的灵魂”。1913年，泰
gē ěr huò dé nuò bèi ěr wén xué jiǎng chéng wéi dì yī wèi huò dé
戈尔获得诺贝尔文学奖，成为第一位获得
nuò bèi ěr wén xué jiǎng de yà zhōu rén
诺贝尔文学奖的亚洲人。

弃医从文，为唤民众

★中华民族的“民族魂”——鲁迅★

现代作家鲁迅曾在日本学习医学，立志救死扶伤。可是后来遇到的一件事，却让他改变了主意。

一年秋天，学校放映一部时事短片时，里面出现了这样的镜头：一个中国人被捆绑着跪在地上，就要被砍头，一群中国人在围观，他们的表情显得很麻木，而他们的身体看上去倒是很强壮。看短片的日本同学发出一阵阵欢呼。顿时，一种愤怒、悲痛、屈辱的情感紧紧地抓住了鲁迅的心。他想，一

名人档案馆 The Famous People

姓　　名： 周树人（笔名鲁迅）（1881—1936）

成　　就： 以文学创作为武器，对中国黑暗社会的丑恶现象进行了无情的批判，唤醒无数中国人。

名人名言： 时间就像海绵里的水，只要愿挤，总还是有的。

个人即使身体再强壮，如果精神是麻木的，也只能做些毫无意义的事，而再高明的医生也只能医治人的身体，无法医治灵魂。于是他决定放弃医学，用文学来唤醒沉睡的同胞们。

鲁迅弃医从文后，陆续创作出版了小说集《呐喊》、杂文集《坟》、散文集《朝花夕拾》等许多优秀的作品，这些作品既解剖了历史，又批判了现实，唤醒了无数中国人。鲁迅因此被誉为中华民族的“民族魂”。

人不能被打败

★美国硬汉作家——海明威★

著名的美国作家海明威和古巴有着不解之缘，令海明威闻名世界文坛的《老人与海》就是在这个岛国完成的。

名人档案馆 *The Famous People*

姓　　名： 厄纳斯特·海明威（1899—1961）

成　　就： 开创了“迷惘的一代”文学，以《老人与海》荣获1954年的诺贝尔文学奖。

名人名言： 没有失败，只有战死。

第二次世界大战结束后，海明威选择了古巴首都哈瓦那以东9千米的一个恬静的小渔村住了下来。这里环境优美，远离喧闹的城市，既适宜他休息放松，也适宜他进行文学创作。海明威拥有一艘名叫“皮拉尔号”

的船。后来，海明威请了一位名叫富恩斯特的古巴老人当这艘船的船长。海明威经常和富恩斯特一起出海捕鱼，并从他那里听到了许多关于捕鱼的冒险故事。在古巴海面钓鱼时，海明威还经常向一些老渔夫虚心请教，获得了许多关于捕鱼的知识。海岛优美的自然风光、古巴渔民的纯朴民风和精彩的冒险故事，对海明威来说就是最好的写作素材。这一切激发了海明威写作的灵感，1952年，海明威的小说《老人与海》终于问世了。

在这部书中，海明威描写了孤单的捕鱼老人桑提亚哥置身于茫茫大海，与风浪、鲨鱼进行了多次惊心动魄的搏斗，最终拖着一副巨大的马林鱼骨架返航的悲壮故事。桑提亚哥是海明威所崇尚的完美人格的代表，他曾说：“人不是生来就要给打败的。人可以被毁灭，但不能被打败。”这是桑提亚哥的生活信念，也是海明威要表明的思想。通过桑提亚哥的形象，海明威热情地赞颂了人类面对艰难困苦时所显示的坚不可摧的精神力量。这句名言，激励了无数人鼓起向命运抗争的勇气！正是由于这部书，海明威获得了1954年的诺贝尔文学奖。

海明威所赞颂的“硬汉精神”，被美国人民奉为美利坚民族的精神象征。

第6章

艺术巨擘

YISHU JUBO

人生不过百年，艺术作品却能传承万年。而不朽的艺术作品大多是在艺术家满溢艰辛与坎坷的艺术创作之路上诞生的：王羲之练字墨染池塘，才挥笔写就“天下第一书”《兰亭序》；《蒙娜丽莎》的作者达·芬奇纵是绘画奇才，也曾在幼时潜心画蛋，细细揣摩绘画技法。翻开本章，让我们一同领略杰出艺术家们的执着人生！

qín liàn shū fǎ chéng dà jiā

勤练书法成大家

★一代“书圣”——王羲之★

dōng jìn shí de wáng xī zhī cóng xiǎo chī mí yú shū fǎ ér qiě liàn xí xiě zì
东晋时的王羲之从小痴迷于书法，而且练习写字
fēi cháng kè kǔ xiāng chuán wáng xī zhī jiā mén qián yǒu yí gè chí táng tā tiān tiān
非常刻苦。相传，王羲之家门前有一个池塘，他天天
zhàn zhe chí shuǐ mó mò liàn zì zì xiě wán le jiù zài chí táng li qīng xǐ bǐ hé
蘸着池水磨墨练字。字写完了，就在池塘里清洗笔和
yàn tái tā bù zhī dào yòng wán le duō shao
砚台。他不知道用完了多少
mò shuǐ xiě làn le duō shao bǐ tóu tiān cháng
墨水，写烂了多少笔头，天长
rì jiǔ jìng jiāng zhěng gè chí táng de shuǐ dōu
日久，竟将整个池塘的水都
rǎn chéng le mò sè kào zhe zhè yàng de qín
染成了墨色。靠着这样的勤
fèn wáng xī zhī xiě de zì yuè lái yuè hǎo
奋，王羲之写的字越来越好。

yóu yú wáng xī zhī kěn xià gōng fu kǔ
由于王羲之肯下工夫苦
liàn tā de shǒu wàn biàn de hěn yǒu jìn yùn
练，他的手腕变得很有劲，运
bǐ shí fēn yǒu lì yǒu yí cì tā zài yí
笔十分有力。有一次，他在一
kuài mù bǎn shang xiě le jǐ gè zì gōng jiàng ná
块木板上写了几个字，工匠拿

名人档案馆 *The Famous People*

姓　　名： 王羲之（321—379）

成　　就： 兼采众长，创造了自成一家的“王体”，为后世书法的发展开辟了新的天地。

名人名言： 若不端严手指，无以表记心灵。

qù kè zì de shí hou fā xiàn mò jì jìng shèn tòu dào mù tou li zú
去刻字的时候，发现墨迹竟渗透到木头里足
yǒu jǐ háo mǐ shēn
有几毫米深！

wáng xī zhī duì kǎi shū cǎo shū xíng shū dōu yǒu zì jǐ
王羲之对楷书、草书、行书都有自己
dú tè de bǐ fǎ bèi rén men zūn chēng wéi shū shèng rén
独特的笔法，被人们尊称为“书圣”。人
men chēng zàn tā xiě de zì xiàng fú yún yí yàng piāo yì xiàng jīng
们称赞他写的字像浮云一样飘逸，像惊
lóng yí yàng jiǎo jiàn qí zhōng lán tíng xù zuì néng tǐ xiàn tā de shū fǎ yì shù
龙一样矫健。其中，《兰亭序》最能体现他的书法艺术
chéng jiù bèi yù wéi tiān xià dì yī xíng shū wáng xī zhī de shū fǎ duì hòu shì
成就，被誉为“天下第一行书”。王羲之的书法对后世
chǎn shēng le shēn yuǎn de yǐng xiǎng qiān bǎi nián lái xué xí tā de shū fǎ de rén bú
产生了深远的影响，千百年来，学习他的书法的人不
jì qí shù tā de shū fǎ zhì jīn réng shì shū fǎ yì shù jiā men zhuī qiú de zhì gāo
计其数，他的书法至今仍是书法艺术家们追求的至高
jìng jiè
境界。

yí rì huà jìn sān bǎi lǐ

一日画尽三百里

★一代“画圣”——吴道子★

吴道子是唐代杰出的画家，被唐玄宗封为宫廷画师。唐玄宗十分喜欢四川的山水，便派吴道子前去写生。吴道子漫游在嘉陵江上，那里秀美的景色让他心旷神怡，他把一路上看到的美景和一切体会与感受都铭刻在了心里。回到京城后，唐玄宗问他写生的情况，他就直截了当地说自己没有画底本，而是把它们全都记在了心里。唐玄宗十分惊讶，让他在大同殿壁上描绘嘉陵山水。吴道子不慌不忙，只

名人档案馆 *The Famous People*

姓　　名： 吴道子（约 686—760）

成　　就： 吸收民间和外来画风，确立了“吴家祥”的民族风格；创造的“疏体”画法为后代之宗。

名人精神： 勤奋刻苦。

jiàn tā shǒu zhōng de huà bǐ rú yǒu shén zhù yì bān fēi yě shì de zài qiáng bì shang wǔ
见他手中的画笔如有神助一般，飞也似的在墙壁上舞
dòng tā zhǐ huā le yì tiān de shí jiān jiù huà chū le jiā líng sān bǎi lǐ shān shuǐ
动。他只花了一天的时间，就画出了嘉陵三百里山水
de quán mào táng xuán zōng bù jīn lián lián zàn tàn zhè jiàn shì yě
的全貌。唐玄宗不禁连连赞叹。这件事也
chéng wéi huì huà shǐ shang kuài zhì rén kǒu de měi tán
成为绘画史上脍炙人口的美谈。

wú dào zǐ huà yì gāo chāo huà fēng piāo yì xiāo sǎ yǒu
吴道子画艺高超，画风飘逸潇洒，有
wú dài dāng fēng de měi yù tā huà guo duō fú bì
“吴带当风”的美誉。他画过300多幅壁
huà hái yǒu dà liàng de shān shuǐ huà huā niǎo huà shì wǒ guó
画，还有大量的山水画、花鸟画，是我国
gǔ dài huì huà shǐ shang hǎn jiàn de duō chǎn huà jiā bèi rén men
古代绘画史上罕见的多产画家，被人们
chēng wéi huà shèng
称为“画圣”。

蒙娜丽莎的永恒微笑

★文艺复兴的巨人——达·芬奇★

意大利画家达·芬奇从小天资聪慧，具有绘画天赋。后来，他跟随著名的艺术家韦罗基奥学习画画。韦罗基奥安排他从画蛋开始学起。达·芬奇不厌其烦地画了一只又一只的鸡蛋，渐渐地领悟到绘画的基本要领——对事物观察要细致入微。在韦罗基奥的严格要求和耐心指导下，达·芬奇学习了素描、绘画和雕刻，艺术水平突飞猛进。

达·芬奇在一生中完成的绘画作品虽然不多，但件

名人档案馆 *The Famous People*

姓　　名： 列奥纳多·达·芬奇（1452—1519）

成　　就： 是文艺复兴时期的著名画家，善用明暗法创造平面形象的立体感，其著名画作有《蒙娜丽莎》《最后的晚餐》等。

名人名言： 一日充实，可以安睡；一生充实，可以无憾。

件都是不朽之作。其中，《蒙娜丽莎》堪称世界上最著名的肖像画。达·芬奇用精确的笔调把妇人的脸、脖子和手表现得极其细致而富有质感，敏捷地抓住了她那一瞬间迷人的微笑表情，将其定格为永恒，细腻地表现了人物微妙的心理活动。整个画面显得和谐、完整、统一，达到了极其完美的艺术境界。

达·芬奇是意大利文艺复兴时期的代表人物，其绘画水平达到了欧洲的第一高峰，故被誉为“文艺复兴的巨人”。

在石头上燃烧激情

★雕塑大师——米开朗琪罗★

米开朗琪罗是意大利文艺复兴时期伟大的雕塑家，在他年幼时，因为母亲体弱多病，所以他被送到一个石匠家中抚养。在那里，他对雕刻和绘画产生了浓厚兴趣。

长大后，米开朗琪罗进入佛罗伦萨的美术学校学习。他的艺术技巧迅速提高，其作品使老师大为震惊。老师让他进入宫廷，以便他更好地学习和创作。他的艺术创作生涯由此开始，并获得了世人的赞誉。

名人档案馆 *The Famous People*

姓　　名： 米开朗琪罗·博那罗蒂（1475—1564）

成　　就： 是意大利文艺复兴时期的艺术巨匠，以雕刻、绘画闻名世界，主要雕刻作品有《大卫》。

名人名言： 对好人行善，会使他变得更好；对恶人行善，他就会变得更恶。

dà wèi shì mǐ kāi lǎng qí luó
《大卫》是米开朗琪罗
de dài biǎo zuò pǐn zhī yī tā yòng le
的代表作品之一。他用了
sì nián de shí jiān cái wán chéng zhè ge
四年的时间，才完成这个
gāo dá mǐ de luǒ tǐ qīng nián sù
高达5.5米的裸体青年塑
xiàng dà wèi méi tóu jǐn suǒ zuǒ shǒu
像。大卫眉头紧锁，左手
ná zhe shí kuài yòu shǒu xià chuí fǎng fú
拿着石块，右手下垂，仿佛
suí shí zhǔn bèi tóu rù zhàn dòu yīng xióng de tǐ tài zhuàng wěi xiǎn shì chū yí shān dǎo
随时准备投入战斗。英雄的体态壮伟，显示出移山倒
hǎi bān de lì liàng hé jiān rú gāng tiě bān de yì zhì bèi gōng rèn wéi xiàng zhēng zhe wèi
海般的力量和坚如钢铁般的意志，被公认为象征着为
zhèng yì shì yè ér fèn dòu de lì liàng kān chēng diāo sù shǐ shang zuì jié chū de zuò pǐn
正义事业而奋斗的力量，堪称雕塑史上最杰出的作品。

mǐ kāi lǎng qí luó shì yí wèi
米开朗琪罗是一位
duō cái duō yì de yì shù dà shī
多才多艺的艺术大师。
tā chuàng zuò de rén wù diāo xiàng xióng wěi
他创作的人物雕像雄伟
jiàn zhuàng chōng mǎn le wú qióng de lì liàng
健壮，充满了无穷的力量，
chéng wéi zhěng gè wén yì fù xīng shí
成为整个文艺复兴时
dài de diǎn xíng xiàng zhēng wèi rén
代的典型象征，为人
lèi wén míng zēng tiān le bù xiǔ de
类文明增添了不朽的
jié zuò
杰作。

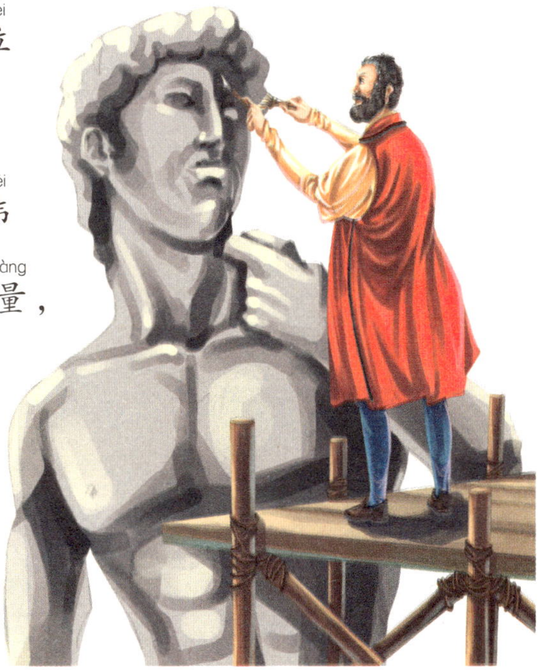

音乐神童

★维也纳古典乐派代表——莫扎特★

莫扎特出身于奥地利一个宫廷乐师家庭，从小就显露出极高的音乐天赋。5岁时，他学会作曲，6岁时，他开始在父亲的带领下进行旅行演出。

在长达10年的旅行演出过程中，年幼的莫扎特创作了大量优秀作品。12岁时，他为维也纳歌剧院写了歌剧《假傻姑娘》；14岁时，他又为意大利米兰歌剧院创作了歌剧，并

名人档案馆 The Famous People

姓　　名： 沃尔夫冈·莫扎特（1756—1791）

成　　就： 奠定和发展了协奏曲等体裁规范，代表作有歌剧《费加罗的婚礼》等。

名人名言： 谁和我一样用功，谁就会和我一样成功。

亲自指挥演出，连演20场，场场爆满。莫扎特小小年纪就有了如此高的成就，被人们誉为“音乐神童”。

莫扎特本人并不认为自己的成功是由于天分，而是自己对音乐的执着追求和努力奋斗的结果。无论走路、吃饭，还是听音乐时，莫扎特心中总是在考虑自己的乐曲。

莫扎特极其勤奋，在一生不到36年的时间里，给后世留下了20余部歌剧、50部交响乐以及数量繁多的器乐曲。他曾经对朋友说：“谁和我一样用功，谁就会和我一样成功。”

我要扼住命运的咽喉

★德国最伟大的音乐家——贝多芬★

贝多芬从小就有音乐神童之称。他在十几岁时就以成熟的钢琴演奏而闻名全国，并成为一名作曲家。就在贝多芬的艺术生涯走向辉煌时，他却患上了当时无法治愈的神经性耳聋症——这对一个音乐家来说是件多么残酷的事啊！贝多芬感到绝望，甚至打算自杀。但是，对音乐的热爱最终使他重新找到了生活的勇气，并树立起与命运作斗争的信心。他发出了坚定的呼喊：“我要扼住命运的咽喉，命运

名人档案馆 *The Famous People*

姓　　名： 路德维希·凡·贝多芬（1770—1827）

成　　就： 极大深化了音乐艺术的思想性和表现力，有德国“乐圣”之称，代表作有“三大交响曲”（英雄、命运、田园）。

名人名言： 苦难是人生的老师。通过苦难，走向欢乐。

休想使我屈服！”

为了表达自己向命运抗争的情感，贝多芬决定用一部大型交响乐作品来勉励自己。1805年至1808年，贝多芬谱写了《命运交响曲》。1808年12月的一天，《命运交响曲》在维也纳皇家剧院上演，那激荡的音符瞬间震撼了剧场中所有的人。这部交响曲体现了贝多芬的创作天才和令人惊叹的精神力量。时至今日，《命运交响曲》依然以巨大的精神力量震撼、鼓舞着人们的斗志。

为祖国而演奏

★浪漫的钢琴诗人——肖邦★

19世纪的波兰多灾多难，俄国、普鲁士、奥地利三个强国对弱小的波兰进行了瓜分。

1830年，波兰音乐家肖邦被迫离开祖国，流亡到法国巴黎。很快，肖邦通过自己的创作、钢琴演奏和钢琴教学，赢得了法国人民的高度尊重。他虽然身在异乡，却心系祖国。肖邦创作了一大批钢琴作品，抒发自己的爱国之情和亡国之恨，如《第一叙事曲》《降A大调波兰舞曲》《革命练习曲》《b小调谐

名人档案馆 *The Famous People*

姓　　名： 弗雷德里克·弗朗西斯克·肖邦（1810—1849）

成　　就： 他因纤细柔美、舒缓优雅的曲风而被誉为“钢琴诗人”，主要作品有《波罗乃兹舞曲》《玛祖卡舞曲》等。

名人名言： 爱祖国高于一切。

谐曲》以及不少夜曲与幻想曲。肖邦将自己对祖国的热爱和对侵略者的仇恨全部用钢琴诠释了出来。他的音乐像“藏在花丛中的一尊大炮”，向全世界宣告：“波兰不会灭亡！”

肖邦的音乐具有浓厚的波兰民族风格，其旋律具有高度的情感表现力，极富个性，人们称这种新颖独特的风格为“肖邦风格”。肖邦善于从歌唱和诗的角度记下每一个音符，因此赢得了“钢琴诗人”的美誉。

打开现代雕塑艺术的大门

★现代雕塑的开拓者——罗丹★

罗丹出生在法国的一个平民家庭。小时候，他在图书馆看了几本介绍意大利雕塑大师米开朗琪罗作品的书，开始对美术产生了特殊兴趣。

后来，罗丹在姐姐的支持下进入美术工艺学校的雕塑班，跟随当时法国著名的动物雕塑家巴里学习。经过三年艰苦而勤奋的学习，罗丹决定报考巴黎美术学院继续深造。可是，他一连报考了三年，都落选了。有个阅卷老师甚至在罗丹试卷的名

名人档案馆 *The Famous People*

姓　名： 奥古斯特·罗丹（1840—1917）

成　就： 倡导现实主义的创作手法，代表作品有雕塑《思想者》和《巴尔扎克》。

名人名言： 为了在生活中努力发挥作用，热爱人生吧。

字旁边干脆写上："该生毫无才能，继续报考，纯属浪费。"这种沉重的打击并没有使罗丹意志消沉，从此他毅然走上了独创艺术之路。

在艰苦的创作环境中，罗丹克服了无数困难，陆续创作了《青铜时代》《思想者》《吻》等优秀雕塑作品。在实践中，他总结出"艺术即感情"的艺术规律。罗丹给了雕塑以思想性，赋予了雕塑以新的生命，打开了现代雕塑艺术的大门，堪称"现代雕塑的开拓者"。

把激情融入画作

★荷兰天才画家——凡·高★

凡·高出生于荷兰的一个牧师家庭。起初，他从事的是牧师职业，后来他发现绘画才是自己的最爱。

1888年，凡·高来到法国南部的阿尔体验生活。这里强烈的阳光和刺目的麦田激起了凡·高的创作热情，他进入了创作的高峰时期，他的《向日葵》《收获景象》和《夜间咖啡馆》等优秀作品都是在这里完成的。可就在此时，这位艺术家不幸患上了间歇性精神错乱。在一次和朋友的激烈争吵后，

名人档案馆 *The Famous People*

姓　　名： 文森特·凡·高（1853—1890）

成　　就： 后期印象画派代表人物，代表作为《向日葵》。

名人名言： 我的最大愿望是创造美的作品。

fán gāo fèn nù de gē xià le zì jǐ de yì zhī ěr duo
凡·高愤怒地割下了自己的一只耳朵。

hòu lái fán gāo lái dào shèng léi mǐ de jīng
后来，凡·高来到圣雷米的精
shén bìng yuàn jiē shòu zhì liáo cǐ shí tā bìng
神病院接受治疗。此时，他并
méi yǒu tuí fèi ér shì kè fú le jù dà
没有颓废，而是克服了巨大
de tòng kǔ huà chū le xīng yè wū
的痛苦，画出了《星夜》《乌
yā qún fēi de mài tián děng jié zuò nián
鸦群飞的麦田》等杰作。1890年
yuè fán gāo zài wán chéng le dì qī fú xiàng rì kuí hòu jīng shén chè dǐ bēng
7月，凡·高在完成了第七幅《向日葵》后精神彻底崩
kuì zuì zhōng xuǎn zé le zì shā
溃，最终选择了自杀。

刻苦研习成巨匠

★木匠出身的艺术大师——齐白石★

齐白石出生在一个贫苦的家庭，但却喜欢绘画。15岁时，他拜一位木匠为师，学习雕花手艺。

名人档案馆 The Famous People

姓　　名： 齐白石（1864—1957）

成　　就： 绘画、书法、篆刻无一不绝，并将画、印、诗、书熔于一炉，使中国传统艺术上升到新的高度。

名人名言： 不教一日闲过。

有一次，齐白石在一个乡民家里做活时，无意间看见了一部残缺不全的《芥子园画传》。他立刻把书借来作为自己学画的教材。他把画谱全部复制了一遍，还在雕花之余经常反复地临摹这套画谱，并融会贯通，这是他初次比较全面地接触到中国绘画的传统程式技法。后来，齐白石拜了好多民间画师为师，专心学绘画和篆刻，逐渐成为一名很有修养的绘画大师。

1920年到1929年间，齐白石以超出常人的意志和精力，闭门谢客，潜心研究，摸索绘画创作的道路。这段时间，齐白石作画万余幅，刻印3000多枚，取得了巨大的成就。他将画、印、诗、书融合在一起，使中国传统艺术上升到新的高度，在艺术上走出了一条继承、革新和创造的光辉大道。

艺境永远年轻

★立体派的创始人——毕加索★

毕加索是西班牙的著名画家。他从不满足于传统的绘画形式和手段，总是寻求突破和创新。

1906年，毕加索开始探索一种新的画风。1907年，他画出了具有里程碑意义的杰作——《亚威农少女》。画面中的五个少女形象扭曲变形到几乎难以辨认，完全没有传统画法中的体积感和质感。人们只有通过观察粗硬的直线、微曲的弧线和色块，依稀认出五个少女的存在。有个画家看过这幅

名人档案馆 *The Famous People*

姓　　名： 帕勃洛·毕加索（1881—1973）

成　　就： 是当代西方最有创造性和影响最深远的艺术家，一生艺术风格多变，开创了立体派的画风。

名人名言： 风度乃是创造力的敌人。

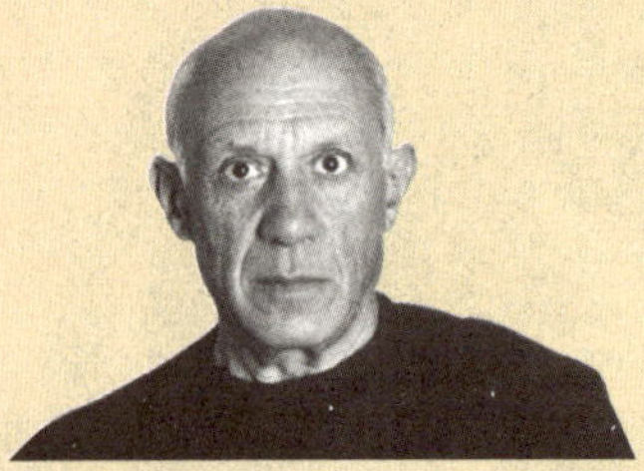

huà hòu rèn wéi zì jǐ kàn dào de zhǐ shì yì xiē jīng pái liè zǔ hé guo de jǐ hé
画后，认为自己看到的只是一些经排列组合过的几何
tǐ cóng cǐ lì tǐ zhǔ yì yì cí kāi shǐ zài huà tán liú xíng kāi lái
体，从此，“立体主义”一词开始在画坛流行开来。

yà wēi nóng shào nǚ chéng wéi lì tǐ zhǔ yì de kāi shān zhī zuò biāo zhì zhe
《亚威农少女》成为立体主义的开山之作，标志着
bì jiā suǒ kāi chuàng le huà tán de xīn jú miàn
毕加索开创了画坛的新局面。

bú guò bì jiā suǒ bìng méi yǒu mǎn zú yú zì jǐ
不过，毕加索并没有满足于自己
de chéng jiù ér shì jì xù zhuī qiú huà yì shang
的成就，而是继续追求画艺上
de chuàng xīn yīn cǐ tā de yì shù zuò pǐn fēng
的创新，因此他的艺术作品风
gé fēng fù duō yàng yǐ zhì hòu rén cháng yòng
格丰富多样，以至后人常用
bì jiā suǒ yǒng yuǎn shì nián qīng de lái xíng
“毕加索永远是年轻的”来形
róng tā nà duō biàn de yì shù xíng shì
容他那多变的艺术形式。

wú shēng nào jù pī xiàn shí

无声“闹剧”批现实

★喜剧表演大师——卓别林★

zhuó bié lín chū shēng zài yīng guó lún dūn de yí gè pín mín qū
卓别林出生在英国伦敦的一个贫民区。
tā suì shí céng dài tì fù mǔ dēng tái yǎn chàng hòu lái zài
他5岁时曾代替父母登台演唱，后来在
yóu yì chǎng hé xún huí jù tuán yǎn chàng tiào wǔ hé gàn zá huó
游艺场和巡回剧团演唱、跳舞和干杂活。

nián zhuó
1913年，卓
bié lín suí jù tuán dào
别林随剧团到
měi guó jìn xíng xún huí yǎn
美国进行巡回演
chū bèi yí wèi diàn yǐng
出，被一位电影
gōng sī de zhì piàn rén jiān dǎo yǎn kàn zhòng
公司的制片人兼导演看中，
cóng cǐ kāi shǐ le màn cháng de diàn yǐng shēng yá
从此开始了漫长的电影生涯。

zhuó bié lín zhǔ yǎn de dì yī bù wú
卓别林主演的第一部无
shēng xǐ jù piàn shì fēn zhōng de ài qíng
声喜剧片是《20分钟的爱情》。
zài yǐng piàn zhōng tā bǎ zá jì xì fǎ hé
在影片中，他把杂技、戏法和

名人档案馆 *The Famous People*

姓　　名： 查尔斯·卓别林（1889—1977）

成　　就： 塑造了流浪汉形象，代表影片有《淘金记》《摩登时代》等。

名人名言： 人必须相信自己，这是成功秘诀。

舞蹈巧妙地融为一体，其精彩演技赢得了观众的阵阵喝彩。卓别林一生共出演了80多部喜剧电影。他在多部影片中塑造的那个留着小胡须，拄着细手杖，穿着大号裤子、皮鞋和皱巴巴的晚礼服的流浪汉形象，更是深受人们喜爱。

卓别林以其精湛的表演艺术，对下层劳动者寄予了深切同情，对资本主义社会的各种弊端进行了辛辣的讽刺，成为深受世界人民喜爱的喜剧表演大师。

孜孜求学成巨擘

★中国现代美术奠基人——徐悲鸿★

徐悲鸿是我国近现代著名画家。他曾到欧洲留学，学习绘画。由于当时中国在世界上没有地位，中国留学生经常受到歧视。

有一次，在一个留学生聚会上，一个法国学生恶毒地说：“中国人又蠢又笨，只配当亡国奴，就是把他们送到天堂去深造，也成不了大器！”坐在一旁的徐悲鸿被激怒了，他走到这个法国学生面前，大声地说：“先生，你不是说中

名人档案馆 *The Famous People*

姓　　名： 徐悲鸿（1895—1953）

成　　就： 将西方绘画技巧融入中国绘画艺术，促进了传统艺术的革新，推动了美术教育的发展。

名人名言： 学艺之道无他，锻炼意志第一。

国人不行吗？那好，我代表我的祖国，你代表你的国家，我们等结业时比比，看到底谁是人才，谁是蠢材。”

从此，徐悲鸿更加勤奋地学习。他经常到巴黎各大博物馆去临摹世界名画，在里面一待就是一整天，直到闭馆时才出来。徐悲鸿从中汲取了很多艺术营养，绘画技法突飞猛进。法国著名写实主义大师达仰被徐悲鸿的精神感动，主动要求辅导他画画。后来，徐悲鸿以优异的成绩进入巴黎高等美术学校学习，并且在几次考试中都获得了第一名。1924年，徐悲鸿在

巴黎举行画展，顿时轰动了巴黎美术界。最终，那个洋学生不得不甘拜下风。

徐悲鸿学成回国后，将西方精湛的写实技巧融入中国绘画，创作了一系列优秀作品（尤善画奔马），对现代中国画、油画的发展产生了巨大影响，他也因此被国际美术评论界称为“中国近代绘画之父”。同时，他还献身于美术教育事业，为中国培养了一批美术家。

第7章 科学巨人

KEXUE JUREN

科学家们在各自的领域里孜孜探索，他们的杰出贡献令人类对世界的认知发生了天翻地覆的变化：哥白尼提出“日心说”，引起了人类宇宙观的重大革新；李时珍编著《本草纲目》，集东方医学之大成……科学家们艰难前进的一小步，却是人类文明发展进程中的一大步。在本章中，我们将为你展现科学家们质朴、执着的人生。

设计建造都江堰

★水利工程大师——李冰★

战国末期，秦昭襄王任命通晓天文地理的李冰去治理岷江。

李冰带着儿子和一些有经验的当地人经过一番实地考察，决定在岷江上修建一座集防洪、灌溉、航运功能于一体的水利工程——都江堰。

按照方案，首先要打通岷江旁边的玉垒山，使岷江水能够畅通地流到东边。但是玉垒山山石坚硬，每天只能凿开很少的石头，这可急

名人档案馆 *The Famous People*

姓　　名： 李冰（生卒年不详）

成　　就： 设计和兴建了都江堰，使它发挥了巨大的排灌作用，确保了当地的农业生产。

名人精神： 实干，坚持不懈。

坏了李冰。有一位老人出了个主意：在岩石上凿一些沟，然后在沟里点燃柴草，就能把岩石烧得爆裂。李冰一试，果然有效，工程的进度大大加快了。终于，玉垒山被凿开了一个20米宽的豁口，这就是都江堰有名的“宝瓶口”。奔流不息的岷江水通过宝瓶口源源不断地流向东部旱区。接着，李冰又主持建造了分水堰、平水槽等，最终成功地完成了都江堰工程。

都江堰使原本十年九灾的成都平原变成了没有水旱灾害、富裕丰饶的天府之国。如今，都江堰已沿用了两千多年，是我国水利史上的一个奇迹。

wǒ néng yòng gàng gǎn qiào dòng dì qiú

我能用杠杆撬动地球

★古希腊科学家——阿基米德★

ā jī mǐ dé shì gǔ xī là de zhù míng
阿基米德是古希腊的著名
kē xué jiā suì shí tā lái dào dāng shí de
科学家。11岁时，他来到当时的
wén huà zhōng xīn yà lì shān dà lǐ yà chéng xué xí shù
文化中心亚历山大里亚城学习数
xué tiān wén xué hé lì xué děng tā yì
学、天文学和力学等。他一
biān qiú xué yì biān zhōu yóu gè dì yòng zì
边求学，一边周游各地，用自
jǐ de zhī shi bāng rén men jiě jué shí jì wèn tí
己的知识帮人们解决实际问题。

gōng yuán qián nián xué yǒu suǒ chéng
公元前240年，学有所成
de ā jī mǐ dé chéng wéi xù lā gǔ guó wáng
的阿基米德成为叙拉古国王
de gù wèn bāng guó wáng jiě jué shēng chǎn shí
的顾问，帮国王解决生产实
jiàn jūn shì jí rì cháng shēng huó fāng miàn de
践、军事及日常生活方面的
kē jì wèn tí tōng guò shí jiàn ā jī
科技问题。通过实践，阿基
mǐ dé fā xiàn le gàng gǎn dìng lǜ jí èr
米德发现了杠杆定律，即“二

名人档案馆 *The Famous People*

姓　　名： 阿基米德（约前287—前212）

成　　就： 证明了杠杆定律，发现了浮力定律（即阿基米德定律）。认为地球是圆球状的，并围绕着太阳旋转。

名人名言： 给我一个支点，我就能用杠杆撬动地球！

重物平衡时，它们离支点的距离与重量成反比”。他推断说，只要能够取得适当的杠杆长度，无论多重的东西都可以用很小的力量举起来。他甚至大胆地预言：“给我一个支点，我就能用杠杆撬动地球！”此外，阿基米德还在洗澡的过程中发现了浮力定律，这一定律也叫阿基米德定律。

阿基米德在数学、物理学等领域做出了极大贡献，被誉为“理论天才与实验天才合于一人的理想化身”，堪称古代最伟大的科学家之一。

精确推算圆周率

★推陈出新的科学巨匠——祖冲之★

南朝时，有一位杰出的科学家叫祖冲之。他在研究天文、历法的过程中，经常要用到圆周率。

圆周率是圆的周长和直径的比，是一个永远除不尽的无穷小数，在天文、历法等许多方面都有非常重大的意义。祖冲之运用三国时期刘徽首创的割圆术，设了一个直径为一丈的圆，在圆内进行切割计算。那时还没有算盘，祖冲之就用一根根的算筹进行计算。这是一项非常细致而艰巨的脑力劳动，

名人档案馆 The Famous People

姓　　名： 祖冲之（429—500）

成　　就： 将圆周率的精确值计算到小数点后七位小数，在天文、历法方面也取得了突出成就。

名人名言： 迟序之数，非出神怪，有形可检，有数可推。

每计算完一次，祖冲之都得重新摆放算筹，而且只要稍有差错，就只能从头开始。祖冲之不停地算啊、记啊，他凭着极大的毅力，终于推算出圆周率数值在3.1415926到3.1415927之间。直到1000多年后，欧洲才推算出同样的结果。

除了精确推算圆周率外，祖冲之还创造出了当时最先进的《大明历》，改造了指示方向的指南车等。他在许多领域都取得了突出成就，是我国古代杰出的科学巨匠。

jiē kāi tiān tǐ yùn xíng de zhēn xiàng

揭开天体运行的真相

★近代天文学的奠基者——哥白尼★

gē bái ní chū shēng zài bō lán de yí gè fù shāng jiā tíng suì shí tā
哥白尼出生在波兰的一个富商家庭。18岁时，他
jìn rù kè lā kē fū dà xué xué xí zài zhè lǐ tā jiē shòu le shù xué hé tiān
进入克拉科夫大学学习。在这里，他接受了数学和天
wén xué děng fāng miàn de jiào yù
文学等方面的教育。

zài dāng shí de ōu zhōu gǔ xī là
在当时的欧洲，古希腊
tiān wén xué jiā tuō lè mì chàng dǎo de dì
天文学家托勒密倡导的“地
xīn shuō cháng qī jū yú tǒng zhì dì wèi rén
心说”长期居于统治地位，人
men yì zhí rèn wéi dì qiú shì yǔ zhòu de hé
们一直认为地球是宇宙的核
xīn ér gē bái ní de dà xué lǎo shī tōng
心。而哥白尼的大学老师通
guò yán jiū duì dì xīn shuō tí chū le
过研究，对“地心说”提出了
yì xiē yì yì zhè xiē jiàn jiě duì gē bái
一些异议。这些见解对哥白
ní chǎn shēng le zhòng dà yǐng xiǎng tā kāi shǐ
尼产生了重大影响，他开始
yán jiū tuō lè mì de zhù zuò tōng guò yán
研究托勒密的著作。通过研

名人档案馆 *The Famous People*

姓　　名： 尼古拉·哥白尼（1473—1543）

成　　就： 提出“日心说”，推翻了长期以来居于统治地位的“地心说”，实现了天文学的根本变革。

名人名言： 人的天职是勇于探索真理。

究，哥白尼发现了托勒密理论中的一些错误。例如，月食现象并非因为“地心说”中所说的月球体积缩小所致，而是月球被其他星体遮住了。

经过30多年的研究，哥白尼终于整理出他一生中最重要的研究成果——《天体运行论》。此书提出了“日心说”的观点，即太阳是宇宙的中心。这一学说推翻了托勒密的“地心说”观点，从根本上动摇了欧洲中世纪宗教神学的理论基础。

哥白尼为后世的天文研究开辟了广阔的道路，成为近代天文学的奠基人。

编写《本草纲目》

★东方医学的集大成者——李时珍★

李时珍是明朝时期的一位名医。在长期的医学实践中，他发现前人所写的医药书中有很多错误。如果病人误用了书中介绍的药物，后果非常严重。于是，李时珍决心编写一本新的医药学书籍。

为了更广泛地搜集医药资料，李时珍身背药囊，周游四方，采集了许多珍贵的药物标本。他还向农民、猎户、樵夫、药农等形形色色的人请教，积累了丰富的第一手材料。为了寻找新药，李时

名人档案馆 *The Famous People*

姓　　名： 李时珍（约1518—1593）

成　　就： 著有《本草纲目》，总结了明代以前我国劳动人民的用药经验，对后世药物学的发展做出了杰出的贡献。

名人名言： 窥天地之奥而达造化之极。

珍更是翻山越岭，不辞辛苦。在此期间，他发现了大量前人没有使用过的药材，如磨刀水、山奈、樟脑、三七、勾金皮等，极大地丰富了药学的内容。

经过多年的呕心沥血，李时珍终于写成了医药学巨著《本草纲目》。这本书共 52 卷，记载药物 1892 种，还附有 1100 多幅插图，记录了 10000 多首方剂，是中国古代记载药物最多、分类解释最细致的医药学巨著，对后世药物学的发展具有重要的意义。

斜塔实验“惊天动地”

★近代科学之父——伽利略★

伽利略出生于意大利比萨城的一个没落贵族家庭。他小时候很爱动脑筋，哪怕是一个很平常的现象，他也要问个“为什么”。这种勤学好问、追根究底的性格伴随了他的一生。

青年伽利略曾对亚里士多德的落体学说（物体越重，下落的速度就越快）产生了怀疑，并且做了许多实验反复验证。他发现，如果不考虑空气阻力的影响，物体下落的速度与物体的重量并没有必然的联系。

名人档案馆 *The Famous People*

姓　　名： 伽利略·伽利莱（1564—1642）

成　　就： 他彻底推翻了亚里士多德主观臆测的物质观，从根本上动摇了封建神权的思想统治。

名人名言： 追求科学需要特殊的勇气。

一天，伽利略带了两个质量不同的铁球登上了比萨斜塔，当众同时松手放开了两个铁球。结果，两个铁球几乎同时落到了地面上，人们震惊了。伽利略这次实验的成功，其意义不仅在于揭开了落体运动的规律，推翻了亚里士多德的落体学说，更重要的是展现出学术研究上勇于实践、信奉真理的精神，推动了整个科学发展的进程。

伽利略一生中在力学、天文学和哲学等领域都做出了重大贡献，因此他被人们尊称为“近代科学之父”。

fā xiàn wàn yǒu yǐn lì
发现万有引力

★经典物理学大师——牛顿★

niú dùn shì yīng guó zhù míng de wù lǐ xué jiā， bèi shì
牛顿是英国著名的物理学家，被世
rén zūn chēng wéi jīng diǎn wù lǐ xué dà shī。 tā cóng xiǎo jiù hěn
人尊称为经典物理学大师。他从小就很
xǐ huan sī kǎo wèn tí。 dà xué shí qī， tā duì wù lǐ xué
喜欢思考问题。大学时期，他对物理学
hé shù xué chǎn shēng
和数学产生
le nóng hòu de xìng
了浓厚的兴
qù， bìng néng shú liàn yùn yòng shù xué zhī shi
趣，并能熟练运用数学知识
jiě jué xǔ duō wù lǐ wèn tí。 zhù míng kē
解决许多物理问题。著名科
xué jiā bā luó jiào shòu hěn xīn shǎng niú dùn de
学家巴罗教授很欣赏牛顿的
cái huá， yú shì tā jiāng zì jǐ de zhī shi
才华，于是他将自己的知识
quán bù chuán shòu gěi le niú dùn。 cóng cǐ，
全部传授给了牛顿。从此，
niú dùn bǎ zì jǐ de jīng lì quán bù pū zài
牛顿把自己的精力全部扑在
le zì rán kē xué lǐng yù。
了自然科学领域。

名人档案馆 *The Famous People*

姓　　名： 艾萨克·牛顿（1643—1727）

成　　就： 提出了“万有引力定律”，所创立的牛顿三大运动定律是经典力学的基石。

名人名言： 天才就是长期劳动的结果。

有一天，牛顿坐在一棵苹果树下思考问题。忽然，一个苹果从树上掉在了地上。“为什么苹果会落到地上，而不会飞到空中呢？”牛顿盯着苹果陷入了沉思。他联想到所有的东西一旦失去支撑必然会下坠，从而发现了地球引力。随后他发现任何两物体之间都存在着吸引力，由此总结出著名的万有引力定律。

1687年，牛顿出版了《自然哲学的数学原理》一书，提出了力学的基本运动定律，讨论了太阳系的行星、行星的卫星和彗星的运行等内容。这确立了牛顿在科学史上举足轻重的地位。

jiē kāi léi diàn de mì mì

揭开雷电的秘密

★美国科学家——富兰克林★

zài shì jì de měi guó， rén men duì léi diàn hái wú fǎ
在18世纪的美国，人们对雷电还无法
zuò chū hé lǐ jiě shì。 wèi le jiē kāi léi diàn de zhēn xiàng，
做出合理解释。为了揭开雷电的真相，
kē xué jiā fù lán kè lín jué dìng zuò yí xiàng shí yàn。
科学家富兰克林决定做一项实验。

nián de yì
1752年的一
tiān léi diàn jiāo jiā fù
天，雷电交加，富
lán kè lín hé tā
兰克林和他
de ér zi dài zhe
的儿子带着
yí gè tè zhì de fēng zheng lái dào fèi chéng jiāo
一个特制的风筝来到费城郊
wài zhǔn bèi yòng fēng zheng jiē yǐn léi diàn
外，准备用风筝接引雷电。
zhè zhī fēng zheng de dǐng duān zhuāng le yì gēn xiǎo
这只风筝的顶端装了一根小
jiān tiě bàng fēng zheng xiàn shì yòng xì má shéng
尖铁棒，风筝线是用细麻绳
zuò chéng de má shéng mò duān fēn chū yì
做成的。麻绳末端分出一

名人档案馆 The Famous People

姓　　名： 本杰明·富兰克林（1706—1790）

成　　就： 进行了著名的风筝实验，证明雷电是一种电，并发明了避雷针。

名人名言： 信奉真理的人，必受天佑。

支，系有一片铜钥匙。当风筝放到天上后，富兰克林手握着麻绳，站在屋檐下观察。风筝上的小尖铁棒立即从云中引下了雷电，雷电直接传到钥匙上。富兰克林用手指靠近钥匙时，火花立刻在指尖迸发。他感到一阵麻木，被弹倒在地上。他欣喜若狂，跳起来大声喊道：“我终于证明了——闪电就是电！”后来，富兰克林根据这一发现研制出了避雷针。

富兰克林揭开了雷电的秘密，并通过实验深入探讨了电的运动规律，成为18世纪美国最伟大的科学家之一。

发现电磁感应现象

★电学之父——法拉第★

法拉第出生在英国的一个贫困家庭，由于生活所迫，他13岁就辍学到一个订书铺当学徒。在这里，他利用空闲时间拼命读书，充实自己。

后来，他得到英国皇家学院化学教授戴维的帮助，从此迈进了科学研究的大门。在不断的学习中，法拉第对化学和电学产生了极大的兴趣，并决定从事这两个科学领域的研究工作。

名人档案馆 *The Famous People*

姓　　名：迈克尔·法拉第（1791—1867）

成　　就：发现了电磁感应现象，进而确立了电磁感应的基本定律，创造了电磁学史上第一台感应发电机。

名人名言：一旦科学插上幻想的翅膀，它就能赢得胜利。

1831年，法拉第破解了电与磁的奥秘。一天，法拉第预备了一根长圆柱形磁石，将一根很长的铜线绕在空心的圆筒上，在铜线两端各串接一个电流计。他将磁石的一端挨近铜线，电流计的指针没有移动。他又迅速地把磁石完全插入铜线圈内，这时电流计的指针突然动了起来。法拉第高兴极了。他试了一次又一次，终于找出了“转磁为电”的方法，并且引入了磁力线的概念，总结出电磁感应定律。

因为法拉第找到了一种崭新的能源——电，使以后电灯、电视等电气化产品有了产生的可能，所以他被后人称为“电学之父”。

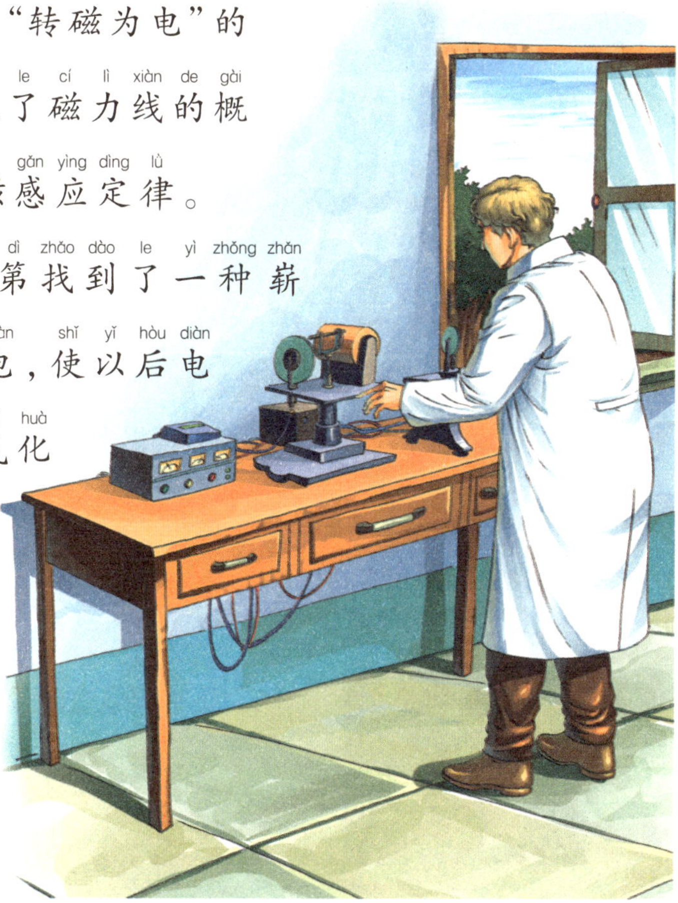

人是由猴子变的吗

进化论之父——达尔文

英国生物学家达尔文从小就喜欢钓鱼、打猎，还常常采集植物和昆虫做标本，他认为自然界里藏着太多的奥秘和乐趣。大学毕业后，他全身心地投入到自然科学研究中。

1831年，英国政府组织了一次环球考察活动。达尔文以博物学家的身份，自费搭船，开始了漫长而又艰苦的环球考察旅行。每到一个地方，他总要采集矿物和生物标本，挖掘生物化石，进行研究。他忙了近5年，积累了大量资料。

名人档案馆 *The Famous People*

姓　　名： 查理·罗伯特·达尔文（1809—1882）

成　　就： 著有《物种起源》一书，以全新的生物进化思想推翻了“神创论”和物种不变的理论。

名人名言： 我一贯力求思想不受束缚。

回国后，达尔文在整理这些资料的基础上，又经过20多年的努力，终于写成了《物种起源》一书。他在书中提出了进化论思想：一切生物都经历了由低级到高级、由简单到复杂的发展过程；生物不是不变的，而是不断进化的。他还大胆断言：人类和猴子有着密切的亲缘关系。

进化论让人们认识到，人是由动物进化来的，使生物学向前迈进了一大步。

她发现了镭

★ 两获诺贝尔奖的科学家——居里夫人 ★

居里夫人婚前的名字叫玛丽。大学毕业后，她与有着共同志向的居里先生完婚，成为居里夫人。婚后，居里夫妇开始研究放射性物质。由于放射性物质对身体有严重的危害性，而且这种物质在矿石里的含量很少，这大大增加了研究难度。但居里夫妇不怕苦不怕累，废寝忘食地做实验。经过常人难以想象的艰苦努力，他们终于在1898年发现了放射性元素镭，并从8吨废沥青铀矿中制得1克纯净的氯化镭。

名人档案馆 *The Famous People*

姓　　名：玛丽·居里（1867—1934）

成　　就：发现钋和镭两种放射性元素，一生两度荣获诺贝尔奖。

名人名言：使生活变成幻想，再把幻想化为现实。

1906年，居里先生不幸因车祸去世。居里夫人承受着巨大的痛苦，为完成两人共同的科学志愿而加倍努力工作着。此后，她不但完成了《放射性》一书，还与他人合作，成功地研制出制取镭的方法。

居里夫人一生曾两度获诺贝尔奖，可她并没有在成绩面前骄傲。她无私地把镭的制取技术贡献出来，应用于医学领域，使镭的技术成为治疗癌症的有力手段，为人类做出了伟大贡献。

A=X+Y+Z

★物理学革命大师——爱因斯坦★

一个记者曾问美国物理学家爱因斯坦什么是成功秘诀，爱因斯坦回答：“成功公式就是：A=X+Y+Z！A是成功，X是努力工作，Y是懂得休息，Z是少说废话！”

名人档案馆 *The Famous People*

姓　　名： 阿尔伯特·爱因斯坦（1879—1955）

成　　就： 最伟大的成就是“广义相对论”，在辐射量子方面提出引力波理论，开创了现代宇宙学。

名人名言： 对一切来说，只有热爱才是最好的老师。

爱因斯坦是这样说的，也是这样做的，他把所有的时间都放在了研究上。少年时代的爱因斯坦在瑞士生活时，过的是穷学生的生活，他对物质生活要求不高，有一碟意大利面条加上一点酱他就感到很满足。成名后，他本可以享受很好的物质生

huó dàn shì tā réng bǎo chí zhe xiàng qióng xué shēng
活，但是他仍保持着像穷学生
nà yàng jiǎn pǔ de shēng huó ài yīn sī
那样简朴的生活。爱因斯
tǎn cóng lái bù xǐ huan cān jiā shè jiāo huó
坦从来不喜欢参加社交活
dòng yǔ yàn huì yīn wèi tóu shēn yú kē xué
动与宴会，因为投身于科学
yán jiū zhōng wàng wǒ de gōng zuò cái shì tā de
研究中忘我地工作才是他的
lǐ xiǎng hé shēng huó de mù dì
理想和生活的目的。

ài yīn sī tǎn yán gé de zūn xún zhe tā suǒ tí chu lai de chéng gōng gōng shì
爱因斯坦严格地遵循着他所提出来的成功公式，
yīn cǐ tā cái néng qǔ dé zhè yàng wěi dà de chéng jiù chéng wéi jǔ shì wén míng de kē
因此他才能取得这样伟大的成就，成为举世闻名的科
xué jiā
学家。

yòng dà nǎo tàn suǒ yǔ zhòu

用大脑探索宇宙

★理论物理学大师——史蒂芬·霍金★

huò jīn chū shēng yú yīng guó de yí gè zhī shi fèn zǐ
霍金出生于英国的一个知识分子

jiā tíng tā cóng xiǎo jiù hěn xǐ huan wù lǐ xué suì
家庭，他从小就很喜欢物理学。17岁

shí huò jīn yǐ yōu yì de chéng jì jìn rù niú jīn dà xué
时，霍金以优异的成绩进入牛津大学

gōng dú wù lǐ xué
攻读物理学

zhuān yè bì yè
专业。毕业

hòu tā yòu kǎo rù jiàn
后，他又考入剑

qiáo dà xué yán jiū shēng yuàn jì xù xué xí
桥大学研究生院，继续学习

wù lǐ xué jiù zài zhè shí huò jīn bú
物理学。就在这时，霍金不

xìng dé le yùn dòng shén jīng xì bāo wěi suō
幸得了运动神经细胞萎缩

zhèng dǎo zhì bàn shēn bù suí zuì hòu tā
症，导致半身不遂，最后他

bù dé bù zuò shàng le lún yǐ
不得不坐上了轮椅。

zài cán kù de mìng yùn miàn qián huò
在残酷的命运面前，霍

名人档案馆 *The Famous People*

姓　　名： 史蒂芬·霍金（1942—）

成　　就： 提出了“黑洞辐射”的观点，对宇宙大爆炸理论有独到的见解，著有《时间简史》等。

名人名言： 一个人在任何情况下都不要失望。

金并没有低头。他怀抱对物理学的极度热爱，开始以顽强的毅力致力于理论物理学的研究。

霍金选择的研究对象是宇宙，他采用的研究方法也与众不同——他从不观测天体，而是靠直觉和理论进行分析。

一天，他凭直觉意识到黑洞是有温度的，这样它就会释放出辐射。也就是说，黑洞其实并不黑。

在经过三年的苦苦思考和计算后，他使这一闪念形成了完整的理论。1973年，霍金正式向世界宣布，黑洞不断地辐射出X光、γ射

线等，这就是著名的“霍金辐射”理论。这一深奥的理论对量子宇宙论的发展意义深远，大大推进了宇宙空间科学的发展。

此后，霍金的病情越来越严重，他渐渐地失去了说话能力。疾病残酷地折磨着他的身体，却无法束缚他那如宇宙般浩瀚、深邃的思想。凭着一台电脑声音合成器，以及仅能活动的几个手指操纵一个特制的鼠标器在电脑屏幕上打字，他先后写出了《时间简史》《果壳中的宇宙》等书，以通俗的语言分析、探索了宇宙的起源和归宿等问题。

霍金在物理学方面取得的成功是举世瞩目的，但他没有停止前进的脚步，依然在他所钟爱的物理学事业上继续奋斗着！

第8章

发明大家

FAMING DAJIA

人类科技的发展突飞猛进，离不开无数普通劳动者的开拓创新，更离不开发明大家们的孜孜探索：鲁班发明多种工具器械，减轻了人们的劳动强度；发明大王爱迪生用发明改变人们的生活……这些发明大家用双手改变了自己的人生，也改变了世界。本章我们就带你体会他们的成才之道。

反复试验造工具

★ 能工巧匠的祖师——鲁班 ★

鲁班是春秋末期的一个木匠。他技术高超，手中的斧头劈砍几下，就能把木料砍成需要的样子。但是，每当遇到需要把木料砍得光光滑滑的时候，鲁班就犯愁了。无论他怎么小心翼翼地挥动斧头，木料表面总是凹凸不平。

为了解决这个问题，鲁班日思夜想。他先是做了一把薄一些的斧头，斧刃磨得快快的。这样砍起来比以前好多了，可还是不太理想。于是，鲁班又磨了一把更小

名人档案馆 *The Famous People*

姓　　名： 公输般（生卒年不详）

成　　就： 发明了多种工具器械，对于减轻人们的劳动强度、推动生产力的发展起到了巨大作用。

名人精神： 勤于动脑，勇于创新。

gèng báo de fǔ tóu rán hòu zài shàng miàn gài le kuài tiě piàn zhǐ
更薄的斧头，然后在上面盖了块铁片，只
ràng fǔ rèn lù chū zhǎi zhǎi de yì tiáo zhè cì tā bú yòng tā
让斧刃露出窄窄的一条。这次他不用它
kǎn mù liào le ér shì yòng tā zài mù liào shang tuī zhǐ jiàn lǔ
砍木料了，而是用它在木料上推。只见鲁
bān shǐ jìn yì tuī mù liào biǎo miàn biàn bèi tuī xia lai báo báo de yì
班使劲一推，木料表面便被推下来薄薄的一
céng mù piàn tuī le shí jǐ cì mù liào de biǎo miàn jiù biàn de yòu
层木片。推了十几次，木料的表面就变得又
píng zhěng yòu guāng huá bǐ yòng fǔ tóu kǎn qiáng duō le lǔ bān fēi cháng
平整又光滑，比用斧头砍强多了。鲁班非常
kāi xīn tā yòu gěi zhè ge xiǎo gōng jù zuò le yí gè mù zuò bǎ tā zhuāng zài lǐ
开心，他又给这个小工具做了一个木座，把它装在里
miàn zhè yàng zài tuī qi lai yòu wěn dang yòu shěng lì bào zi jiù zhè yàng dàn shēng le
面。这样再推起来又稳当又省力，刨子就这样诞生了。

chú cǐ zhī wài lǔ bān hái fā míng le hěn duō gōng jù hé qì xiè bǐ rú
除此之外，鲁班还发明了很多工具和器械，比如
mò dǒu yún tī děng liǎng qiān duō nián yǐ lái lǔ bān yì zhí bèi nà xiē néng gōng
墨斗、云梯等。两千多年以来，鲁班一直被那些能工
qiǎo jiàng shì wéi zǔ shī shòu dào rén men de chóng jìng
巧匠视为“祖师”，受到人们的崇敬。

改进造纸术

★善于钻研的造纸大家——蔡伦★

蔡伦是东汉汉和帝时的宦官，主管制造宫廷用品。在他之前，纸已经出现，但是这种纸又脆又粗糙，颜色黑黄，根本不能用来写字。

名人档案馆 The Famous People

姓　　名： 蔡伦（？—121）

成　　就： 发明了先进的造纸术，大大促进了世界各地科学文化的传播和交流。

名人精神： 锐意创新，不惧挫折。

人们写字主要还是写在用竹片或木片制成的简、牍上。蔡伦爱好读书，但那些笨重的简、牍让他深感不便，于是就想办法改进造纸工艺。

首先，他广泛选取造纸的原料，树皮、麻头、破布、旧

yú wǎng děng dōu bèi pài shàng le yòng chǎng rán hòu tā yòu duì yǐ qián de zào zhǐ gōng
鱼网等都被派上了用场。然后，他又对以前的造纸工
yì liú chéng jìn xíng gǎi gé jīng guò wú shù cì de cháng shì cài lún zhōng yú mō suǒ
艺流程进行改革。经过无数次的尝试，蔡伦终于摸索
chū yí tào xīn de fāng fǎ tā zài qián rén qiē gē zhǐ liào òu zhǔ chōng dǎo děng
出一套新的方法。他在前人切割纸料、沤煮、舂捣等
zhì zhǐ jiāng de gōng yì jī chǔ shang zēng jiā le yí dào yòng shí huī yè zhēng zhǔ de gōng
制纸浆的工艺基础上，增加了一道用石灰液蒸煮的工
xù zhè yàng jiù jiā kuài le zào zhǐ yuán liào de fēn jiě sù dù ér qiě fēn jiě hòu
序。这样就加快了造纸原料的分解速度，而且分解后
de yuán liào xiān wéi fēn bù de gèng jiā jūn yún zào chū de zhǐ guāng huá xì zhì shū
的原料纤维分布得更加均匀，造出的纸光滑细致，书
xiě qi lai fēi cháng fāng biàn yīn wèi yuán liào yòng de shì shù pí má tóu děng zào
写起来非常方便。因为原料用的是树皮、麻头等，造
zhǐ de chéng běn yě dà dà jiàng dī le
纸的成本也大大降低了。

hěn kuài cài lún de zào zhǐ shù biàn zài quán guó liú chuán kāi le hòu lái hái
很快，蔡伦的造纸术便在全国流传开了，后来还
chuán dào le guó wài
传到了国外。

zào zhǐ shù cù jìn le shì jiè kē xué wén huà de chuán bō hé jiāo liú wèi shì
造纸术促进了世界科学文化的传播和交流，为世
jiè wén míng de fā zhǎn zuò chū le jù dà gòng xiàn
界文明的发展做出了巨大贡献。

fā míng dì dòng yí

发明地动仪

★ 多才多艺的科学家——张衡 ★

zhāng héng shì dōng hàn shí qī zhù míng de kē xué jiā, tā bù jǐn xǐ huan guān chá yán jiū, hái shàn cháng zhì zuò jīng mì de yí qì.

张衡是东汉时期著名的科学家，他不仅喜欢观察研究，还擅长制作精密的仪器。

dāng shí, zhōng guó gè dì jīng cháng fā shēng dì zhèn. zhāng héng shí fēn liú yì sōu jí dì zhèn de qíng bào hé jì lù. jīng guò duō nián de yán jiū, tā fā míng le shì jiè shang dì yī tái cè dìng dì zhèn fāng wèi de yí qì —— dì dòng yí. dì dòng yí yòng qīng tóng zhù chéng, xíng zhuàng xiàng gè jiǔ tǒng, shàng miàn yǒu bā tiáo lóng àn bā gè fāng xiàng pái liè, měi tiáo lóng xià miàn dōu dūn zhe yì zhī zhāng zuǐ de chán chú. rú guǒ mǒu gè fāng xiàng fā shēng dì zhèn, nà ge fāng xiàng lóng zuǐ li de tóng

当时，中国各地经常发生地震。张衡十分留意搜集地震的情报和记录。经过多年的研究，他发明了世界上第一台测定地震方位的仪器——地动仪。地动仪用青铜铸成，形状像个酒桶，上面有八条龙按八个方向排列，每条龙下面都蹲着一只张嘴的蟾蜍。如果某个方向发生地震，那个方向龙嘴里的铜

名人档案馆 *The Famous People*

姓　　名： 张衡（78—139）

成　　就： 在天文、历法、文学、地理等诸多方面都做出了非常杰出的贡献。

名人名言： 人生在勤，不索何获。

qiú jiù huì luò dào chán chú zuǐ li yǒu yì tiān dì dòng yí
球就会落到蟾蜍嘴里。有一天，地动仪
zhèng duì xī fāng de lóng zuǐ tū rán zhāng kāi tǔ chū le
正对西方的龙嘴突然张开，吐出了
tóng qiú jǐ tiān hòu guǒ rán yǒu rén qí kuài mǎ lái
铜球。几天后，果然有人骑快马来
xiàng cháo tíng bào gào shuō jù lí luò yáng xī miàn yì qiān duō lǐ de
向朝廷报告，说距离洛阳西面一千多里的
dì fang fā shēng le dà dì zhèn zhè shì rén lèi lì shǐ shang
地方发生了大地震。这是人类历史上
dì yī cì yòng cè zhèn yí cè dào le dì zhèn
第一次用测震仪测到了地震。

chú le dì dòng yí zhāng héng hái fā míng le kě yǐ guān cè tiān xiàng de hún tiān
除了地动仪，张衡还发明了可以观测天象的浑天
yí kě yǐ cè dìng fēng xiàng de hòu fēng yí néng gòu zì jǐ fēi xíng de mù niǎo děng
仪、可以测定风向的候风仪、能够自己飞行的木鸟等，
tā hái jì suàn chū yuán zhōu lǜ wéi zhāng héng zài tiān wén dì lǐ wén xué
他还计算出圆周率为3.162。张衡在天文、地理、文学、
yì shù děng lǐng yù dōu shuò guǒ léi léi shì yí gè duō cái duō yì de kē xué jiā
艺术等领域都硕果累累，是一个多才多艺的科学家。

yán zhì má zuì yào

研制麻醉药

★ 妙手回春的神医——华佗 ★

huà tuó shì dōng hàn mò nián zuì yǒu míng de yī shēng
华佗是东汉末年最有名的医生，
tā shàn cháng zhì liáo nèi kē wài kē ér kē děng gè kē jí bìng
他擅长治疗内科、外科、儿科等各科疾病。

yì tiān huà tuó yù dào yí gè qí guài de bìng rén
一天，华佗遇到一个奇怪的病人。
zhè ge rén yá guān jǐn bì kǒu tǔ bái mò tǎng zài dì shang bù néng dòng tan
这个人牙关紧闭，口吐白沫，躺在地上不能动弹。
huà tuó gěi tā jiǎn chá hòu fā xiàn tā yí qiè dōu zhèng cháng
华佗给他检查后，发现他一切都正常。
bìng rén de jiā rén shuō tā píng shí shén me jí bìng dōu méi yǒu jīn tiān wù chī le jǐ duǒ chòu má zi huā jiù biàn chéng zhè yàng zi le
病人的家人说他平时什么疾病都没有，今天误吃了几朵臭麻子花就变成这样子了。
huà tuó ràng rén zhǎo lái le yì xiē chòu má zi huā tā ná qǐ yì duǒ
华佗让人找来了一些臭麻子花，他拿起一朵

名人档案馆 *The Famous People*

姓　　名： 华佗
（？—约 208）

成　　就： 发明了麻沸散，在内科、外科、妇科、儿科等方面颇有成就，为后世留下宝贵的医学遗产。

名人名言： 人体欲得劳动，但不当使极耳。

fàng zài zuǐ li cháng le cháng dùn shí jué de tóu yūn mù xuàn mǎn zuǐ fā má cóng
放在嘴里尝了尝，顿时觉得头晕目眩，满嘴发麻。从
nà shí hou qǐ huà tuó kāi shǐ duì chòu má zi jìn xíng quán miàn de yán jiū bìng zuì
那时候起，华佗开始对臭麻子进行全面的研究，并最
zhōng fā xiàn chòu má zi guǒ rán yǒu hěn hǎo de má zuì xiào guǒ huà tuó yòu zǒu fǎng
终发现臭麻子果然有很好的麻醉效果。华佗又走访
le xǔ duō yī shēng shōu jí le qí tā yì xiē yǒu má zuì zuò yòng de yào wù jīng
了许多医生，收集了其他一些有麻醉作用的药物。经
guò duō cì bù tóng pèi fāng de páo zhì tā zhōng yú yán zhì chū le má zuì yào tā
过多次不同配方的炮制，他终于研制出了麻醉药。他
yòu bǎ má zuì yào hé rè jiǔ pèi zhì zài yì qǐ shǐ yòng shǐ má zuì xiào guǒ biàn de
又把麻醉药和热酒配制在一起使用，使麻醉效果变得
gèng hǎo huà tuó gěi zhè zhǒng yào qǔ míng wéi má fèi sǎn
更好。华佗给这种药取名为麻沸散。

yǒu le má fèi sǎn huà tuó zài gěi bìng rén zuò shǒu shù shí kě yǐ ràng tā men
有了麻沸散，华佗在给病人做手术时，可以让他们
zài háo wú tòng kǔ de qíng kuàng xià jiě chú bìng tòng huà tuó yì shēng dōu zài zhì bìng jiù
在毫无痛苦的情况下解除病痛。华佗一生都在治病救
rén tā yòng gāo chāo de yī shù zhì yù le wú shù bìng rén bèi chēng wéi shén yī
人，他用高超的医术治愈了无数病人，被称为“神医”。

发明活字印刷术

★推动文明发展的布衣百姓——毕昇★

毕昇是北宋时一名书坊印刷工匠。一天，他在刻一块书版时刻坏了一个字。他觉得把整块版扔掉太可惜了，就想到一个补救办法：先把刻坏的字用刀削去，在原处挖出一个浅浅的小方孔，再做一个与小方孔大小吻合的小木片，上面刻好需要的那个字，然后用胶粘在小方孔里。最后，这个补救的方法成功了。

这件事对毕昇启发很大，他开始着手制造单个的活字。经过反复试验，毕昇选用胶

名人档案馆 *The Famous People*

姓　　名： 毕昇（990—1052）

成　　就： 发明了活字印刷术，为人类文明的发展和传播做出了杰出贡献。

名人精神： 做事认真，百折不挠。

泥做原料。他在胶泥上刻好字后，放到火里一烧，就得到了坚硬、不吸水的胶泥活字。接着，毕昇照着要印的书稿，拣出需要的泥活字，按顺序把它们粘在一块铁板上，然后上墨印刷，就得到印刷效果非常好的书籍了。而且，这些胶泥活字可以重复使用，大大提高了印刷效率。

很快，毕昇发明的活字印刷术就流传开来，甚至传到了阿拉伯、欧洲、非洲、美洲等地，推动了世界文明的发展。

bǎ rén lèi dài jìn zhēng qì shí dài
把人类带进蒸汽时代

★蒸汽机的改良者——瓦特★

wǎ tè shì yīng guó zhù míng de fā míng jiā tā xiǎo shí hou
瓦特是英国著名的发明家。他小时候
cōng míng hào xué yù dào bù dǒng de wèn tí zǒng xǐ huan páo gēn
聪明好学，遇到不懂的问题总喜欢刨根
wèn dǐ yǒu yí cì xiǎo wǎ tè zài chú fáng li kàn dào zào
问底。有一次，小瓦特在厨房里看到灶
shang shāo zhe yì hú shuǐ
上烧着一壶水。
bù jiǔ shuǐ fèi téng le
不久，水沸腾了，
hú gài pā pā zuò
壶盖“啪啪”作
xiǎng bù tíng de shàng xià
响，不停地上下
tiào dòng zhè zhǒng yì bān rén sī kōng jiàn
跳动。这种一般人司空见
guàn de xiàn xiàng què yǐn qǐ le xiǎo wǎ tè
惯的现象却引起了小瓦特
de nóng hòu xìng qù tā xiǎng dào dǐ shì
的浓厚兴趣。他想：到底是
shén me lì liàng shǐ hú gài bù tíng de shàng
什么力量使壶盖不停地上
xià tiào dòng ne tā bǎ hú gài jiē kāi zài
下跳动呢？他把壶盖揭开再

名人档案馆 *The Famous People*

姓　　名： 詹姆斯·瓦特（1736—1819）

成　　就： 改良了蒸汽机，提高了蒸汽机的热效率和运行可靠性。还发明了气压表、汽动锤。

名人名言： 真理往往非常朴素，以致人们不相信它。

盖上，盖上又揭开，终于发现是水蒸气在“作怪”。这次细心的观察成为日后瓦特与蒸汽机结缘的基础。

在大学当教具实验员期间，瓦特经常修理仪器。有一次，学校请瓦特修理一台纽可门式蒸汽机。瓦特发现这种蒸汽机存在两大缺点：一是活塞动作不连续而且慢，还需用人力调节；二是蒸汽利用率低，浪费原料。后来，瓦特发明了一种连杆装置，使蒸汽机不必用人力去调节活塞，从此，世界上第一台“万能蒸汽机”诞生了。世界各国的工矿企业开始陆续应用蒸汽机，人类步入了蒸汽时代。

冒死研制安全炸药

★ 炸药大王——诺贝尔 ★

1846年，意大利化学家学索布雷罗发明了烈性炸药——硝化甘油。这种炸药虽然威力巨大，却很不安全。瑞典化学家诺贝尔想在改进硝化甘油的基础上，研制出爆炸效果好且使用安全的炸药。这是一个充满危险的艰苦历程，死亡随时都威胁着他。有一次，诺贝尔的实验室爆炸了，有5人不幸遇难，诺贝尔和父亲也受了重伤。

失败并没有使诺贝尔退缩，他决定迎着困难继续进

名人档案馆 *The Famous People*

姓　　名： 艾尔费雷德·诺贝尔（1833—1896）

成　　就： 一生致力于炸药的研究，发明了硝化甘油引爆剂、硝化甘油固体炸药和胶状炸药等，还创立了诺贝尔奖。

名人名言： 我在哪里工作，哪里就是我的家。

行试验。为了减小爆炸带来的危险，诺贝尔索性租了条船到湖中去做实验。经过无数次的失败，他终于在1867年研制出了“安全炸药”。这是一种由硝化甘油和火棉混合而成的炸药，既安全可靠又威力巨大。很快，安全炸药被应用于工矿企业，广受欢迎。

诺贝尔一生共获得了255种发明专利，其中仅炸药就有129种。因此，人们都称他为“炸药大王”。

电话通了

电话之父——贝尔

美国发明家贝尔的父亲和祖父都是语言学家。生活在这样的环境中，贝尔对语音学产生了浓厚兴趣，萌发了用电流传递语音的念头。

名人档案馆 *The Famous People*

姓　　名： 亚历山大·格雷厄姆·贝尔（1847—1922）

成　　就： 制成了第一台实用的电话机，开创了公众使用电话的时代。

名人名言： 我知道命运掌握在我自己手中。

1875年5月，贝尔和他的助手沃森研制出两台粗糙的电话样机。经过多次实验，这两台样机还是不能通话，可他们并没有放弃研究。1876年3月，事情出现了转机。这一天，贝尔和沃森分别在两个房间里准备进行对话实验。贝尔不小心把桌上的硫酸弄翻了，结果硫酸洒在他的腿上，腿被烧得火辣辣的。贝尔忍不住拿起电话叫道：“沃森，快过来，我遇到麻烦了！”沃森正拿着听筒和对话筒，清楚地听到了贝尔的声音，不禁高兴地叫道：“我听到了！”就这样，贝尔终于成功地实现了用电流传递声音的设想。

1915年，贝尔和沃森研制出世界上第一架实用电话机。贝尔发明电话，使人类迈向了信息时代，掀起了一场人类交流方式的革命。

用发明改变世界

★世界发明大王——爱迪生★

美国发明家爱迪生从小就喜欢做各种实验。一次，他为了利用时间，在火车上做起了实验，结果引发了一场火灾，被车长打聋了一只耳朵。但这并没有令爱迪生放弃对科学的追求。

爱迪生最伟大的发明之一就是白炽灯。当时，已经有人发明了一种叫弧光灯的电灯。这种电灯虽然能发出亮光，但缺点也很多，如：光线太刺眼，耗电量大，寿命也不长。爱迪生下定决心，一定要发明一种光线柔和的实

名人档案馆 *The Famous People*

姓　　名： 托马斯·爱迪生（1847—1931）

成　　就： 一生约有2000项发明，其中重要的发明有留声机、白炽灯和电力系统、电影摄影机等。

名人名言： 天才就是百分之一的灵感加上百分之九十九的汗水。

用电灯，让千家万户都用得上。在经历了无数次失败后，他终于点燃了第一盏真正有广泛实用价值的白炽灯，可美中不足的是灯丝的寿命不够长。为了延长灯丝的寿命，他又重新试验。在试用了约6000种纤维材料后，爱迪生终于找到了一种新的发光体——竹丝，这种灯丝可以持续照明1000多小时。白炽灯的发明把人类带进了一个崭新的“电光”世界。

爱迪生一生共有约2000项发明，为人类社会的进步做出了巨大贡献。

为了人类的飞天梦

★现代航空之父——莱特兄弟★

美国发明家莱特兄弟从小就喜欢摆弄旧机械，经常制造一些小玩具。他们还特别喜欢观察鸟类的飞行，梦想自己有一天也能在空中自由地飞翔。

莱特兄弟长大后，一次，他们读到一条有关德国滑翔机飞行家李林达尔进行滑翔实验的消息。这触动了莱特兄弟少年时代的梦想，他们也开始着手制造滑翔机。1896年，李林达尔在一次飞行事故中丧生，人们由此对人类能否实现上天飞行的梦想产

名人档案馆 *The Famous People*

姓　　名： 威尔伯·莱特（1867—1912）
奥维尔·莱特（1871—1948）

成　　就： 发明了世界上第一架载人动力飞机，实现了人类渴望已久的飞天梦。

名人名言： 只有鹦鹉才喋喋不休，但它永远也飞不高。

shēng le huái yí lái tè xiōng dì zài bēi tòng de tóng shí jué
生了怀疑。莱特兄弟在悲痛的同时，决
dìng bǎ qián bèi wèi néng wán chéng de shì yè jì chéng xia qu
定把前辈未能完成的事业继承下去。

nián lái tè xiōng dì wán chéng le dì yī cì
1900年，莱特兄弟完成了第一次
zài rén huá xiáng fēi xíng nián zhì nián tā
载人滑翔飞行。1900年至1903年，他
men gòng zhì zào le jià huá xiáng jī jìn xíng le shàng qiān cì
们共制造了3架滑翔机，进行了上千次
huá xiáng fēi xíng zuì hòu yí jià huá xiáng jī wán quán dá dào
滑翔飞行，最后一架滑翔机完全达到
le wěn dìng cāo zòng de yāo qiú suí hòu lái tè xiōng dì gěi zhè jià huá xiáng jī
了稳定操纵的要求。随后，莱特兄弟给这架滑翔机
ān zhuāng le fā dòng jī bìng jiāng zhī mìng míng
安装了发动机，并将之命名
wéi fēi xíng zhě hào
为“飞行者”1号。

1903年12月17日，“飞行者”1号飞机进行了第四次试飞。10时35分，弟弟奥维尔坐在飞机的座椅上，哥哥威尔伯启动了发动机，伴随着一阵震耳欲聋的轰鸣声，飞机离开轨道在空中飞行起来。在场的人都把心提到了嗓子眼。12秒过去了，“飞行者”1号在36米外的地方摇摇晃晃地着陆了。飞机着陆后，兄弟俩紧紧地拥抱在一起，眼里噙满了喜悦的泪花。

这次飞行实现了人类历史上第一次空中持续动力飞行，标志着动力飞机的诞生。莱特兄弟给人类“插上了翅膀”，他们的发明将人类带入了航空时代。

第9章

名家名流

MINGJIA MINGLIU

在更迭变幻的历史画卷中，有一类人物凸显其上，他们的成就与时代的发展潮流相合，成为社会关注的焦点：顾拜旦为复兴奥林匹克运动四处奔走，呕心沥血，创造了不朽的功绩；海伦·凯勒身残志坚，自强不息，成为世人的楷模……这些名人生活的时代不同，所取得的成就各异，但他们都为我们的历史画卷涂上了一抹亮丽的色彩。

kāi pì sī chóu zhī lù
开辟“丝绸之路”

★西汉杰出的外交家——张骞★

zài xī hàn hàn wǔ dì shí qī shēng huó zài běi fāng de xiōng nú mín zú zhú jiàn
在西汉汉武帝时期，生活在北方的匈奴民族逐渐

qiáng dà qi lai zǒng lái qīn fàn xī hàn yǐ jí xī hàn běi bù de xī yù dì qū
强大起来，总来侵犯西汉以及西汉北部的西域地区。

wèi le bǎi tuō xiōng nú de wēi xié hàn wǔ dì pài zhāng qiān qù lián luò xī yù de dà
为了摆脱匈奴的威胁，汉武帝派张骞去联络西域的大

ròu zhī xiǎng hé tā men yì qǐ dǐ kàng xiōng nú
月氏，想和他们一起抵抗匈奴。

gōng yuán qián nián zhāng qiān shuài lǐng
公元前139年，张骞率领

duō rén hào hào dàng dàng de chū fā le
100多人浩浩荡荡地出发了。

bú liào tā men zài tú zhōng bèi xiōng nú fú
不料，他们在途中被匈奴俘

lǔ le xiōng nú wèi lǒng luò zhāng qiān gěi
虏了。匈奴为笼络张骞，给

tā qǔ qī shēng zǐ bìng qiě jiāng tā yí kòu
他娶妻生子，并且将他一扣

jiù shì nián dàn zhè xiē bìng méi yǒu ràng
就是10年。但这些并没有让

zhāng qiān dòng yáo tā shí kè láo jì zì jǐ
张骞动摇，他时刻牢记自己

de shǐ mìng yì tiān yè li zhāng qiān yì
的使命。一天夜里，张骞一

名人档案馆 *The Famous People*

姓　　名： 张骞（？—前114）

成　　就： 两次出使西域，开辟了举世闻名的“丝绸之路”，促进了东西方经济文化的交流和发展。

名人精神： 坚忍不拔，富有冒险精神。

xíng rén chèn kān shǒu bú bèi táo lí le xiōng nú de lǐng dì
行人趁看守不备，逃离了匈奴的领地，
lì jīng jiān xīn zhōng yú dào dá le dà ròu zhī dàn
历经艰辛终于到达了大月氏。但
shì dà ròu zhī bù xiǎng zài gēn xiōng nú dǎ zhàng
是，大月氏不想再跟匈奴打仗，
zhāng qiān zhǐ hǎo zàn shí liú xia lai tā zài dāng dì
张骞只好暂时留下来。他在当地
kǎo chá le yì nián duō zhǎng wò le xī yù de jī běn
考察了一年多，掌握了西域的基本
qíng kuàng hòu fǎn huí le xī hàn
情况后返回了西汉。

zhāng qiān zhè cì chū shǐ xī yù suī rán méi yǒu wán chéng lián luò dà ròu zhī
张骞这次出使西域，虽然没有完成联络大月氏
de shǐ mìng què dǎ tōng le yà zhōu nèi lù dōng xī jiāo tōng de yào dào kāi pì le
的使命，却打通了亚洲内陆东西交通的要道，开辟了
jǔ shì wén míng de sī chóu zhī lù shǐ hàn cháo tóng xī yù gè guó de guān xì
举世闻名的“丝绸之路”，使汉朝同西域各国的关系
biàn de mì qiè qi lai cóng ér cù jìn le dōng xī fāng jīng jì wén huà de guǎng fàn
变得密切起来，从而促进了东西方经济文化的广泛
jiāo liú
交流。

万里取经，名扬中外

★ 毅力顽强的唐朝高僧——玄奘 ★

玄奘是唐朝的一位杰出僧人。他精通佛教典籍，在研读佛经的过程中，发现国内佛经不仅残缺不全，而且错误很多。为了了解经典真义，他决定到佛教的发源地印度去求取真经。

名人档案馆 *The Famous People*

姓　　名： 陈袆（法号玄奘）（602—664）

成　　就： 他历尽艰险到印度取经，回国后致力于佛教教义的研究和佛经翻译工作。

名人精神： 毅力顽强，永不退缩。

在去印度的路上，玄奘遇到了许多困难。有一次，他独自一人走进了茫茫戈壁。他前进了一百多里，却一直没有找到水源，还失手把装水的皮囊打翻了。在这种情况下，玄奘毅然决定，宁可西行而死，绝不东还求生。

于是，他继续向西行进，越过戈壁滩，进入大沙漠。他顶着风沙、忍着干渴，终于走出了沙漠地带。玄奘一路翻山越岭，风餐露宿，历经无数艰难险阻，终于到达了印度那烂陀寺。他在那烂陀寺专心研究佛法，并于645年携带着大量佛教典籍回到了唐都长安。

玄奘在古代交通极不发达的情况下，行进了50000多里，经过了100多个国家，创造了世界旅行史上罕见的纪录。他毕生致力于佛教事业，为中国以及世界佛教的发展做出了巨大贡献。

为和亲远嫁吐蕃

★汉藏友好的使者——文成公主★

唐太宗时期，生活在青藏高原上的吐蕃族强大起来，首领松赞干布统一了西藏，他积极谋求与唐朝建立密切关系，于是派使者到唐朝求婚。

唐太宗答应了松赞干布的请求，册封江夏郡王的女儿为“文成公主”，下嫁吐蕃。文成公主和松赞干布在吐蕃举行了盛大的婚礼，他们感情融洽，互敬互爱。文成公主以自己的知识和见地，细心体察吐蕃的民情，然后向丈夫提出各种合情合理的建

名人档案馆 The Famous People

姓　　名： 不详

（？—680）

成　　就： 不避艰险，远嫁吐蕃，为加强汉藏两族人民亲密、友好、合作的关系做出了巨大贡献。

名人精神： 知书达理，顾全大局，博爱无私。

议，帮助丈夫治理国家。文成公主还帮助吐蕃人民推行历法，并拿出带去的五谷种子和菜籽，教人们种植。此外，她出嫁时还带去了许多马、骡、骆驼以及有关生物技术和医学的著作，这些在吐蕃传播开来，大大促进了吐蕃的社会进步。

文成公主这位王族出身的柔弱女子，远嫁吐蕃，大大推动了藏族经济、文化的发展，为增进汉藏两族人民的友谊做出了历史性的贡献。

qī xià xī yáng

七下西洋

★伟大的航海家——郑和★

míng cháo chū qī míng chéng zǔ pài huàn guān zhèng hé shuài
明朝初期，明成祖派宦官郑和率
lǐng chuán duì yuǎn háng xī yáng nà shí zhǐ wǒ guó nán hǎi yǐ xī
领船队远航西洋（那时指我国南海以西
de hǎi hé yán hǎi gè dì qù bài fǎng nà lǐ de guó jiā
的海和沿海各地），去拜访那里的国家。

nián zhèng
1405年，郑
hé shuài lǐng fān yì jūn
和率领翻译、军
shì yī shēng shāng
士、医生、商
rén shuǐ shǒu děng gòng duō rén dài
人、水手等共27000多人，带
zhe dà liàng de sī chóu cí qì liáng shi děng
着大量的丝绸、瓷器、粮食等
wù pǐn fēn chéng sōu dà hǎi chuán hé
物品，分乘62艘大海船和100
duō zhī xiǎo chuán kāi shǐ le dì yī cì yuǎn
多只小船，开始了第一次远
háng tā men cóng jīn jiāng sū tài cāng chū fā
航。他们从今江苏太仓出发，
jīng guò fú jiàn yán hǎi hào hào dàng dàng yáng
经过福建沿海，浩浩荡荡，扬

名人档案馆 *The Famous People*

姓　　名： 郑和（1371或1375—1433或1435）

成　　就： 七次下西洋，促进了明朝同亚非各国人民之间的友好往来。

名人名言： 国家欲富强，不可置海洋于不顾。

fān nán xià zhèng hé shuài chuán duì měi dào yí gè guó jiā jiù qù bài fǎng nà lǐ de
帆南下。郑和率船队每到一个国家，就去拜访那里的
guó wáng bìng qiě bǎ dài qù de lǐ wù sòng gěi tā men xǔ duō guó jiā jiàn zhōng guó
国王，并且把带去的礼物送给他们。许多国家见中国
de chuán duì rú cǐ hóng wěi ér zhèng hé de tài dù yòu fēi cháng yǒu hǎo dōu rè qíng
的船队如此宏伟，而郑和的态度又非常友好，都热情
de jiē dài tā men nián zhèng hé qǐ chéng huí guó xī yáng gè guó dōu pài le
地接待他们。1407年，郑和启程回国，西洋各国都派了
shǐ zhě dài zhe lǐ wù gēn tā yì qǐ huí fǎng zhèng hé huí dào jīng chéng hòu míng chéng
使者带着礼物跟他一起回访。郑和回到京城后，明成
zǔ jiàn zhè cì yuǎn háng zhè me chéng gōng fēi cháng gāo xìng
祖见这次远航这么成功，非常高兴。

zài yǐ hòu de èr shí duō nián li zhèng hé zài míng chéng zǔ de zhī chí xià yòu
在以后的二十多年里，郑和在明成祖的支持下又
jìn xíng le jǐ cì yuǎn háng tā qián hòu gòng chū hǎi qī cì dào guo yìn dù yáng yán
进行了几次远航。他前后共出海七次，到过印度洋沿
àn de duō gè guó jiā zuì yuǎn dào dá le fēi zhōu chuàng zào le shì jiè háng hǎi
岸的30多个国家，最远到达了非洲，创造了世界航海
shǐ shang de wěi dà zhuàng jǔ
史上的伟大壮举。

发现美洲大陆

★ 意大利航海家——哥伦布 ★

少年时期的哥伦布经常在父亲的带领下出海，从那时起他深深地迷上了航海。后来，他读了《马可·波罗游记》一书，对神秘的东方产生了浓厚兴趣。他相信“地圆学说”，认为从欧洲出发，沿大西洋一直向西航行，就能到达东方的中国和印度。为了证实自己的想法，哥伦布说服了西班牙国王接受他的航海计划。

名人档案馆 *The Famous People*

姓　　名： 克里斯托弗·哥伦布（约 1451—1506）

成　　就： 首次发现了美洲大陆，证明了“地圆学说”的正确性，开辟了世界航海史上的新时代。

名人名言： 世界是属于勇者的。

1492 年 8 月 3 日早上，哥伦布带领船队从西班牙扬帆起航，勇敢地向遥远的大西

yáng yǐ xī shǐ qù jīng guò jǐ shí gè rì yè de jiān kǔ
洋以西驶去。经过几十个日夜的艰苦
háng xíng dào yuè rì líng chén tā men zhōng yú dēng shàng
航行，到10月11日凌晨，他们终于登上
le zhōng měi zhōu de lù dì cǐ hòu gē lún bù yòu xiān hòu
了中美洲的陆地。此后，哥伦布又先后
jìn xíng le sān cì zhè yàng de yuǎn háng dàn tā yì shēng dōu
进行了三次这样的远航。但他一生都
rèn wéi zì jǐ dào dá de shì yìn dù qí shí tā suǒ shuō de
认为自己到达的是印度。其实，他所说的
yìn dù jiù shì jīn tiān wǒ men suǒ shuō de měi zhōu dà lù
“印度”就是今天我们所说的美洲大陆。

gē lún bù fā xiàn měi zhōu dà lù cù chéng le ōu měi liǎng gè dà
哥伦布发现美洲大陆促成了欧美两个大
lù wén míng de róng hé wèi rén lèi shè huì de fā zhǎn zuò chū le zhòng dà gòng xiàn
陆文明的融合，为人类社会的发展做出了重大贡献。
zhè yì háng hǎi zhuàng jǔ yě wèi tā yíng dé le wěi
这一航海壮举，也为他赢得了“伟
dà de háng hǎi jiā de měi yù
大的航海家”的美誉。

创办第一所护士学校

★克里米亚白衣天使——南丁格尔★

1853年，克里米亚战争爆发了。英国的战地医院由于条件极差，又没有护士护理伤病员，士兵的死亡率高达近50%。护士南丁格尔得知这种情形，志愿前往战地担任看护工作。

南丁格尔率领38名护士抵达前线，在四所战地医院服务。她对伤病员和蔼可亲，每天夜里，都手持油灯巡视伤病员，士兵们亲切地称她为“提灯女士”。当时前线用品十分缺乏，水源不足，卫生极差，但南丁格尔并没有

名人档案馆 The Famous People

姓　　名：弗劳伦斯·南丁格尔（1820—1910）

成　　就：她是现代护理学的创始人，著有《护理札记》。

名人名言：护士必须要有同情心和一双愿意工作的手。

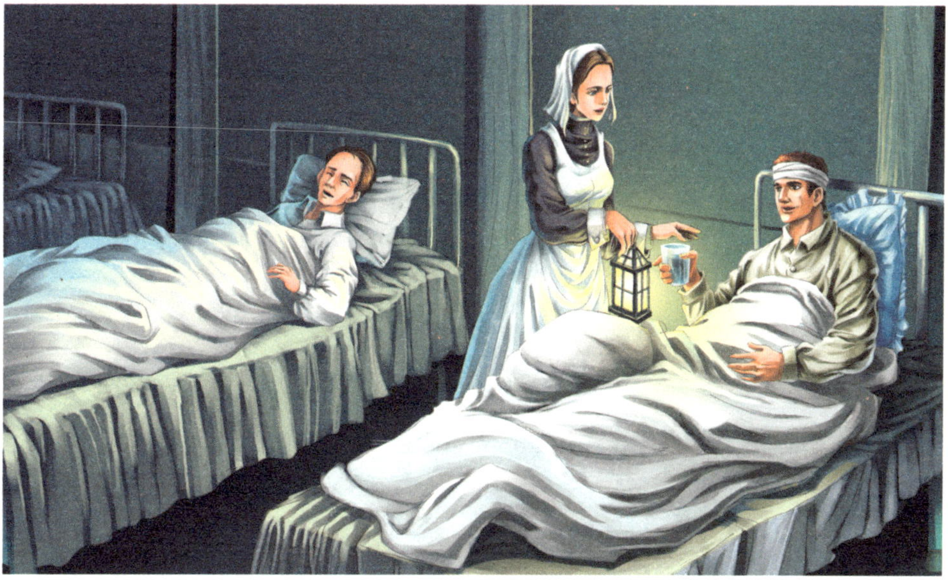

被困难吓倒，她想尽办法为伤病员解决必需物和食品，组织士兵家属协同工作。从此，战地医院的面目大有改观，不到半年，伤病员的死亡率就下降到了2%。南丁格尔的护理功绩传遍了整个英国，她一时成为英国的传奇人物。

1860年，南丁格尔在英国圣·托马斯医院创建了世界上第一所正规护士学校——南丁格尔护士学校。因此，南丁格尔被后世誉为现代护理学的奠基人。

复兴奥林匹克运动

★现代奥林匹克之父——顾拜旦★

顾拜旦从小就对体育有着浓厚的兴趣。一个偶然的机会，他从书上看到了有关古代奥林匹克的内容，当时就被这项伟大的运动深深吸引了。

1890年，顾拜旦第一次来到希腊的奥林匹亚进行考察。他站在古代奥运会的遗址上，感慨万千：奥林匹克运动应该恢复，并由各国派代表来参加，这样一来，不但能将体育精神发扬光大，还能增进各国之间的友谊。

随后，他开始为实现这

名人档案馆 *The Famous People*

姓　　名：皮埃尔·德·顾拜旦（1863—1937）

成　　就：是近代奥林匹克运动的创始人，也是奥运会徽、会旗的设计者。他确立的“更快、更高、更强”的奥运口号影响深远。

名人名言：体育就是和平。

ge yuàn wàng jī jí xíng dòng qi lai nián yuè
个愿望积极行动起来。1894年6月18
rì tā zhōng yú zǔ zhī le gè ōu měi guó jiā de
日，他终于组织了12个欧美国家的
dài biǎo zài bā lí zhào kāi le huī fù ào lín pǐ
代表在巴黎召开了“恢复奥林匹
kè yùn dòng huì dài biǎo dà huì huì yì tōng
克运动会代表大会”。会议通
guò le huī fù ào lín pǐ kè yùn dòng de xiàn zhāng què
过了恢复奥林匹克运动的宪章，确
dìng le xiàn dài ào yùn huì de zōng zhǐ zhè cì huì yì biāo zhì zhe xiàn dài ào lín pǐ
定了现代奥运会的宗旨，这次会议标志着现代奥林匹
kè yùn dòng de kāi shǐ
克运动的开始。

nián yuè rì shǒu jiè xiàn dài ào yùn huì zài yǎ diǎn zhào kāi gù
1896年4月5日，首届现代奥运会在雅典召开。顾
bài dàn fù xīng ào lín pǐ kè yùn dòng de mèng xiǎng zhōng yú chéng wéi le xiàn shí
拜旦复兴奥林匹克运动的梦想终于成为了现实。

wèi shì jiè zhuāng shàng lún zi

为世界装上轮子

★美国汽车大王——福特★

měi guó qì chē dà wáng fú tè cóng xiǎo jiù xǐ huan bǎi nòng jī xiè jīng cháng bāng lín jū xiū lǐ zhōng biǎo hé nóng jù zhè xiē xiū lǐ gōng zuò shǐ xiǎo fú tè huò dé le hěn duō jī xiè fāng miàn de zhī shi hé jīng yàn

美国汽车大王福特从小就喜欢摆弄机械，经常帮邻居修理钟表和农具。这些修理工作使小福特获得了很多机械方面的知识和经验。

suì nà nián fú tè lái dào yì jiā zhuān mén zhì zào fā dòng jī de gōng sī gōng zuò bìng màn màn chéng zhǎng wéi yì míng yōu xiù de jì shī yí cì tā cóng zá zhì shang kàn dào fǎ guó rén fā míng le zhuāng yǒu qì yóu fā dòng jī de qì chē biàn jué xīn yào zào chū zì jǐ de qì chē jīng guò wú shù

16岁那年，福特来到一家专门制造发动机的公司工作，并慢慢成长为一名优秀的技师。一次，他从杂志上看到法国人发明了装有汽油发动机的汽车，便决心要造出自己的汽车。经过无数

名人档案馆 *The Famous People*

姓　　名： 亨利·福特（1863—1947）

成　　就： 他是福特汽车公司的建立者，也是世界上第一位使用流水线大批量生产汽车的人。

名人名言： 消费者是我们工作的重心所在。

次的实践，他终于在1896年造出了自己的第一辆简易汽车。此后，福特继续研究，不断地改良他的汽车。

1901年，福特研发的汽车在比赛中夺得了第一名，他因此而一夜成名。1903年，他创办了福特汽车公司。1908年，福特推出了世界上第一辆属于普通百姓的汽车——T型车。1913年，福特建立了汽车装配流水线。这种生产方法使福特汽车公司的汽车产量激增，福特汽车因质优价廉而畅销全球，人们都说福特给世界安上了轮子。

zhàn shèng máng lóng zì qiáng bù xī
战胜盲聋，自强不息

★ 身残志坚的楷模——海伦·凯勒 ★

měi guó zuò jiā hǎi lún kǎi lè zài yí suì bàn shí dé le yì chǎng guài bìng
美国作家海伦·凯勒在一岁半时，得了一场怪病，
jié guǒ yǎn jing kàn bu dào dōng xi ěr duo yě tīng bu dào shēng yīn le cóng cǐ
结果眼睛看不到东西，耳朵也听不到声音了。从此，
kě lián de xiǎo hǎi lún zhǐ néng shēng huó zài hēi àn hé jì jìng zhōng
可怜的小海伦只能生活在黑暗和寂静中。

hǎi lún kuài mǎn suì de shí hou chōng mǎn ài xīn de ān nī shā lì wén lǎo shī lái dào tā de shēn biān cóng cǐ gǎi biàn le tā de mìng yùn zài shā lì wén lǎo shī de nài xīn jiào dǎo xià hǎi lún kāi shǐ xué xí shǒu yǔ hé máng wén tā yòng shǒu chù mō lǎo shī de shǒu shì xué huì le shǒu yǔ bìng kāi shǐ zì jǐ yuè dú yì xiē máng wén zhù zuò suì nà nián hǎi lún kāi shǐ xué
海伦快满7岁的时候，充满爱心的安妮·沙利文老师来到她的身边，从此改变了她的命运。在沙利文老师的耐心教导下，海伦开始学习手语和盲文。她用手触摸老师的手势，学会了手语，并开始自己阅读一些盲文著作。10岁那年，海伦开始学

名人档案馆 *The Famous People*

姓　　名： 海伦·凯勒（1880—1968）

成　　就： 她是美国盲聋女作家和残障教育家，主要作品有《假如给我三天光明》《我的老师》等。

名人名言： 人生要不是大胆地冒险，便是一无所获。

习说话。为了使自己能够说好一个词或句子，她要反复练习，有时为发一个音一练就是几个小时。海伦就这样夜以继日地练习着，在成千上万次的模仿之后，她终于学会了说话。

1899年，海伦以优异的成绩考入了哈佛大学。大学毕业后，她和沙利文老师一起，投身到帮助聋哑盲人的慈善事业中。著名作家马克·吐温曾赞叹道："19世纪出现了两个了不起的人物，一个是拿破仑，一个是海伦·凯勒。"

kè kǔ liàn gōng dú chuàng méi pài

刻苦练功，独创“梅派”

★京剧艺术表演大师——梅兰芳★

méi lán fāng chū shēng zài yí gè qǔ yì shì jiā tā
梅兰芳出生在一个曲艺世家，他8
suì kāi shǐ xué xí xì qǔ liàn gōng fēi cháng kè kǔ
岁开始学习戏曲，练功非常刻苦。
yì tiān xiān sheng zài bǎn dèng shang fàng le yí kuài zhuān
一天，先生在板凳上放了一块砖
tou ràng méi lán fāng
头，让梅兰芳
cǎi zhe bàn mǐ duō
踩着半米多
gāo de gāo qiāo zhàn zài zhuān tou shang jiāo tā
高的高跷站在砖头上，教他
liàn qiāo gōng méi lán fāng zhàn zài nà me gāo
练跷功。梅兰芳站在那么高
de dì fang xīn lǐ shí fēn hài pà dàn tā
的地方，心里十分害怕，但他
hái shi jiān chí le xià lái yí zhù xiāng de
还是坚持了下来。一炷香的
gōng fu guò qu le méi lán fāng de tuǐ dōu
工夫过去了，梅兰芳的腿都
zhàn zhǒng le tā de qiāo gōng jìn bù hěn
站肿了。他的跷功进步很
kuài dàn tā réng bù mǎn zú dōng tiān tā
快，但他仍不满足。冬天，他

名人档案馆 The Famous People

姓　　名：梅兰芳（1894—1961）

成　　就：开创了独具一格的“梅派”，为京剧的发展做出了重要贡献。

名人名言：我是个拙笨的学艺者，没有充分的天才，全凭苦学。

在院子里泼上水，等水结成冰后在上面踩高跷。冰很滑，他身上常被摔得青一块、紫一块，但每次跌倒后他都爬起来继续练。就这样，他终于练就了扎实的基本功。梅兰芳10岁就登台演出了，到20岁时已经成为驰名京沪的京剧演员。

在长期的舞台实践中，梅兰芳综合青衣、花旦、刀马旦的表演特点，逐渐创造出自己特有的表演形式和唱腔——梅派，在唱、念、做、打等各方面都取得卓越成就。此外，他在服装、音乐舞台等方面的改革与创新，都对京剧发展起到重要作用。他本人也被誉为京剧“四大名旦”之一。

为黑人的平等而奔走

★民权领袖——马丁·路德·金★

20世纪初，美国社会的种族歧视现象十分严重，白人虐待黑人的现象屡见不鲜。黑人牧师马丁·路德·金立志要为争取黑人的正当权利做出贡献。

1963年，马丁·路德·金和其他民权运动领袖组织发起了历史性的“向华盛顿进军”运动。8月28日，20多万人汇集在林肯纪念堂附近。马丁·路德·金在这里发表了感人

名人档案馆 *The Famous People*

姓　　名： 马丁·路德·金（1929—1968）

成　　就： 是美国民权运动领袖，其著名演讲《我有一个梦想》对美国民权运动影响深远。

名人名言： 生命的意义在于活得充实，不在于活得长久。

至深的演讲《我有一个梦想》，他号召人们以理智和非暴力的原则争取自己应得的权利。这一运动最终迫使美国政府取消了商店、旅店和就业等方面的种族歧视政策。由于马丁·路德·金在争取黑人民权方面贡献巨大，他获得了1964年的诺贝尔和平奖。

1968年4月4日，马丁·路德·金在做关于反对种族歧视的演讲时，被一名白人种族主义者枪杀，死时年仅39岁。他毕生都在为黑人的平等而演讲、奔走，其精神和信念鼓舞了所有东西方热爱和平的人们。

研发软件改变世界

★微软公司创始人——比尔·盖茨★

比尔·盖茨是美国著名的企业家、微软公司的创始人。他从小好学，并以优异的成绩考入哈佛大学。一天，好友艾伦给他带来一本杂志，上面刊登了一条重要消息：世界上第一台商用微型电脑问世了，但缺乏成熟的软件程序。这一消息使盖茨兴奋不已，他认为这是一个巨大的商机。随后，他说服了那台电脑的发明人，由他和艾伦为电脑编制程序。两个人用8周的时间，编写出了BASIC程序语言。

名人档案馆 *The Famous People*

姓　　名： 比尔·盖茨（1955—）

成　　就： 他是美国微软公司的创建者和视窗操作系统的研制者之一，也是个人电脑革命的领军人物。

名人名言： 观念加上时间才是真正的财富。

此时，盖茨敏锐地意识到微型电脑将是一个无比巨大的市场，他决心投入电脑软件开发的事业中。1975年，他中断了在哈佛大学的学业，创建了微软公司。经过盖茨的不断努力，微软公司于1995年推出了Windows95操作系统。它让用户摆脱了烦琐枯燥的DOS命令，使计算机的操作变得更加直观而便捷，改变了每一个现代人的工作生活方式。

此后，盖茨通过多次产品创新推动着信息产业的进步，成为软件行业的领军人物。

图书在版编目(CIP)数据

名人故事 / 文心主编 . —成都 : 天地出版社,
2015.9 (2020.12 重印)
(新阅读)
ISBN 978-7-5455-1518-3

Ⅰ . ①名… Ⅱ . ①文… Ⅲ . ①汉语拼音—少儿读物
Ⅳ . ① H125.4

中国版本图书馆 CIP 数据核字 (2015) 第 174847 号

• 新阅读 •

名人故事

主　　编	文　心
责任编辑	李红珍　李菁菁
责任印制	董建臣　张晓东
出版发行	天地出版社
	(成都市槐树街 2 号　邮政编码 : 610014)
网　　址	http://www.tiandiph.com
	http://www. 天地出版社 .com
电子邮箱	tiandicbs@vip.163.com
经　　销	新华文轩出版传媒股份有限公司
印　　刷	水印书香 (唐山) 印刷有限公司
版　　次	2015 年 9 月第 1 版
印　　次	2020 年 12 月第 13 次印刷
成品尺寸	163mm × 228mm　1/16
印　　张	15.75
字　　数	150 千
定　　价	19.80 元
书　　号	ISBN 978-7-5455-1518-3

咨询电话: (028) 87734639 (总编室)
购书热线: (010) 67693207 (市场部)

如有印装错误，请与本社联系调换。